SEREMOS CHAMADOS PELO QUE LEVAMOS

CB046982

AMANDA GORMAN

SEREMOS CHAMADOS PELO QUE LEVAMOS

Tradução de Stephanie Borges

intrínseca

Copyright © 2021 by Amanda Gorman
Proibida a venda em Portugal, Angola e Moçambique.

TÍTULO ORIGINAL
Call Us What We Carry

PREPARAÇÃO
Ana Guadalupe

LEITURA SENSÍVEL
Jess Oliveira
Rane Souza
Rogério Galindo

REVISÃO
Laura Torres

ADAPTAÇÃO DE PROJETO GRÁFICO E DIAGRAMAÇÃO
Ilustrarte Design

ADAPTAÇÃO DE CAPA
Lázaro Mendes

DESIGN DE CAPA
© Grace Han

CIP-BRASIL. CATALOGAÇÃO NA PUBLICAÇÃO
SINDICATO NACIONAL DOS EDITORES DE LIVROS, RJ

G683s

Gorman, Amanda, 1998-
Seremos chamados pelo que levamos / Amanda Gorman ; tradução Stephanie Borges. - 1. ed. - Rio de Janeiro : Intrínseca, 2024.
224 p. ; 21 cm.

Tradução de: Call us what we carry
ISBN 978-85-510-1029-7

1. Poesia americana. I. Borges, Stephanie. II. Título.

24-88829

CDD: 811
CDU: 82-1(73)

Gabriela Faray Ferreira Lopes - Bibliotecária - CRB-7/6643

[2024]
Todos os direitos desta edição reservados à
Editora Intrínseca Ltda.
Av. das Américas, 500, bloco 12, sala 303
22640-904 – Barra da Tijuca
Rio de Janeiro – RJ
Tel./Fax: (21) 3206-7400
www.intrinseca.com.br

Para todos nós
que nos ferimos e nos curamos
e escolhemos
seguir em frente

SUMÁRIO

"História e elegia são semelhantes. A palavra 'história' vem do grego antigo, ίστωρειν, que significa 'perguntar.' Alguém que pergunta sobre coisas — sobre suas dimensões, peso, localização, humores, nomes, santidade, cheiro — é um historiador. Mas o ato de perguntar não é despropositado. É ao perguntar sobre algo que você percebe que sobreviveu a tal coisa, e, portanto, deve levá-la consigo, ou transformá-la de modo que se leve sozinha."

— Anne Carson

MANIFESTO DO NAVIO

Supostamente, o pior ficou para trás.
Mas nos encolhemos diante do amanhã que se aproxima,
Hesitantes como um fantasma sem cabeça em nossa própria casa,
Tentando lembrar o que era afinal
Que deveríamos fazer.

& o que, exatamente, deveríamos fazer?
Escrever uma carta ao mundo, como filha dele que sou.
Estamos lidando com um sentido que desaparece,
Nossas palavras são como a chuva que escorre pelo para-brisa.
A opinião da poeta é que o que vivemos
Já se transformou num sonho febril,
E seus contornos foram despidos da mente turva.

Para assumir nossa responsabilidade devemos fazer um relato:
Não do que foi dito, mas do significado.
Não do fato, mas do que foi sentido.
Do que descobrimos, ainda que inominado.
Nossa maior provação será

Nosso testemunho.
Este livro é uma mensagem na garrafa.
Este livro é uma carta.
Este livro não consola.

Este livro está desperto.
Este livro recorda os mortos.
Para que serve um registro, se não para prestar contas?
A cápsula capturada?
Um repositório?
Uma arca articulada?
& a poeta, aquela que preserva
Fantasmas & ganhos,
Nossos demônios e sonhos,
Nossos assombros e anseios.
Um brinde à preservação
De uma luz tão terrível.

RÉQUIEM

POR FAVOR

mantenha [   ] de si mesmo & dos outros & [   ] encare

[   ] todas [   ] as pessoas [   ] daqui [   ] em diante.

ARBORESCENTE I

Nós somos
　　　　Arborescentes —
O que não
　　　　Se vê
São as raízes
　　　　Do nosso ser.
A distância pode
　　　　Distorcer a mais profunda
Consciência
　　　　De quem
Somos,
　　　　Nos fazer
Nos curvar
　　　　& enfraquecer
Como os ventos
　　　　Do inverno. Nós não
Fugiremos
　　　　Do que
Suportamos.
　　　　Preservaríamos
Essa sensação
　　　　Por algum tempo,
Sentados em silêncio &
　　　　Balançando em seus galhos

Como uma criança
Que não quer voltar
Para casa. Nós
Preservaríamos,
Nós
Prantearíamos,
Porque sabemos
Que mais uma
Vez
Abriríamos mão
Do nosso mundo
Por este aqui.

NO INÍCIO

Era impossível descrever o que testemunhamos.
Quando falávamos uns com os outros,
Nossas frases eram artificiais
& estáticas como um telegrama.
Espero que estejamos fazendo o melhor/
Na medida do possível/
Nesse período/
Sem precedentes e sem presidente.

Ao perguntar se os outros estavam conseguindo aguentar,
Não esperávamos uma resposta honesta ou completa.
Que palavras podem dizer como continuamos vivos?
Como nos tornamos profissionais do pesar,
Especialistas do sofrimento,
Ases da angústia,
Mestres da mágoa.
Num tremor, março se transformou em um ano,
Derramando a solidão entre milhões,
Um desterro superlotado.
Rezamos para que nunca mais exista
Uma dor tão precisa & povoada como esta.

Começamos a perder as palavras
Como árvores esquecem as folhas no outono.
A língua que falávamos
Não tinha espaço para *entusiasmo*,
Ansiosa, risada, alegria,
Amigo, encontro.
As expressões que restaram
Eram a própria violência:
O que foi aquilo?!

Morta!
Morri mas passo bem!

Tentar é ser apunhalada,
Levar um tiro.
Queremos descobrir quem fez de nós
Um matadouro,
Um vocábulo que tinge de vermelho.
Ensinamos às crianças:
Deixe sua marca no mundo.
O que leva o homem a destruir
Almas além do desejo de marcar

A parte de cima do globo?
Enchê-la de cicatrizes & assim tomá-la para si.
A intenção dele é ser lembrado
Mesmo que seja pelos escombros.
Crianças, tirem as marcas deste lugar.
Deixem tudo
diferente do que deixamos pra trás.

Desculpe por esta mensagem tão longa;
Não há palavras curtas à mão.
Encontraremos a retórica da união
Ao deixar que o amor nos suba à garganta,
À ponta da língua.
Nosso coração sempre
Esteve na boca.

FUGA

Não nos leve a mal.
Fomos despedaçados pelo que se passou
Mas ainda mais pelo que passamos —
Sem gratidão, sem saber,
Quando o que tínhamos era nosso.

Havia outra lacuna que nos deixou sem ar;
O simples presente da despedida.
Adeus, dizíamos uns ao outros —
Obrigada por trazer sua vida para junto da minha.
Com *Adeus*, queríamos dizer:
Tomara que possamos nos cumprimentar outra vez.

Esta dúvida sem limite:
Cada tosse parecia uma catástrofe,
Cada pessoa próxima, um perigo em potencial.
Registrávamos cada pigarro & espirro,
Na certeza de que o vírus do qual tínhamos fugido
Agora fluía dentro de nós.

Dormimos por dias inteiros.
Choramos o ano todo,
Desgastados & assustados.

Talvez seja isso o que significa
Respirar & morrer neste corpo.
Perdoe-nos,
Pois já trilhamos
Este caminho.

Tremeluzindo, a história
Passou por nossos olhos.
Durante esse filme
Nossas pálpebras vacilaram.

Acrescentamos mil passos falsos
No registro da caminhada de hoje
Porque cada passo que demos
Exigiu mais do que tínhamos para dar.

Em tal natureza eterna,
Passamos os dias como mortos-vivos,
Temendo o desastre & a doença.
Nós nos esquivamos, os ossos ressecados
Como um loureiro na seca, a garganta
Feita de mecanismos inquietos
Pés que tropeçam no caminho
Como cervos famintos.
Esperamos o horror,
Criando Leviatãs antes que eles surgissem.
Não conseguíamos tirar a cabeça

Do tumulto intenso.
A ansiedade é um corpo vivo,
De prontidão ao nosso lado feito uma sombra.
É a última criatura que resta,
O único monstro que nos ama
O bastante para ficar.

Já éramos milhares
De mortes num só ano.
O coração na mão toda vez que entrávamos de cabeça nas notícias,
A cabeça quente, o medo à frente,
O corpo tenso & teso de tanto *e agora?*
Mas quem tem a coragem de perguntar *e se?*

Que esperança abrigaremos
Dentro de nós como um segredo,
Um sorriso guardado,
Particular & puro.

Desculpe se estamos menos amigáveis —*
A covid tentou acabar com tudo.
Até hoje apertos de mão & abraços parecem um presente,
Algo que nos surpreendemos em dar e receber.

---

* Na verdade, a confiança social nos Estados Unidos tem caído de forma vertiginosa. Ver David Brooks. Surpreendentemente, uma pesquisa de 2021 sugere que os descendentes das pessoas que sobreviveram à epidemia de gripe espanhola de 1918 apresentam uma confiança social mais baixa. Ver Arnstein Aassve *et al.*

& por isso procuramos qualquer coisa
Que nos traga esta sensação:
O pulsar no pulmão que nos conecta a estranhos,
A forma como abrimos espaço por instinto
Quando estamos entre aqueles que mais amamos,
Como o brilho repentino de um cardume.
A consideração que temos uns pelos outros
Não foi tomada por um tumor,
Só se transformou.

Com *Oi*, queremos dizer:
Tomara que não tenhamos que dizer adeus outra vez.
Há alguém por quem morreríamos.
Sinta essa verdade forte, imutável,
Esse sacrifício voluntário & imediato.
É isto o que o amor faz:
Cria uma realidade para além do medo.
Já perdemos demais para ter algo a perder,
Nos apoiamos uns nos outros novamente,
Como a água deságua em si mesma.
Essa hora contida, pausada,
Explode feito uma estrela condensada,
Que sempre nos pertenceu.
Em que mais devemos acreditar?

PARARAM AS AULAS

O anúncio
Veio seco como um golpe de machado:
Todos os alunos deveriam deixar
O campus o mais rápido possível.

Achamos que choramos,
O cérebro em branco.
Já estávamos tentando esquecer
O que viveríamos.
Do que abriríamos mão.
* * *
Cuidado com as águas de março.
Reconhecemos que algo corria
Rasteiro feito um rumor
Entre os nossos.
Casos que se espalhavam rápido
Como líquido derramado num guardanapo.

Nada é mais preocupante
Do que um Titã que se crê
Separado do mundo.
* * *
Dia da formatura.
Não precisamos de beca.

Não precisamos de palco.
Caminhamos ao lado de nossos ancestrais,
Os atabaques deles batem por nós,
As batidas de seus pés celebram nossa vida.
Há poder no fato de ser roubada
& ainda assim decidir dançar.

NÃO HÁ PODER COMO O LAR

Estávamos cansados de casa,
O lar nos dava náusea.
Aquela máscara no rosto
Aos poucos cobriu o ano todo.
Assim que chegávamos em casa,
Nos víamos arfando, ar-
rancando a máscara como quem tira uma atadura,
Como algo que restringia
A imensidão da nossa boca aberta.
Mesmo sem rosto, um sorriso ainda pode
Subir pela bochecha,
Um osso por vez,
Nossos olhos se enrugam
Delicados feito papel de arroz
Diante de outra beleza igualmente frágil:
O ganido triste de um cão,
Um esquilo que se arrisca a chegar mais perto,
A cadência de quem amamos contando uma piada.
Nossa máscara não é um véu, mas uma visão.
O que somos, se não o que vemos nos outros?

O QUE FIZEMOS NESTE TEMPO

❏ Todo um esforço para estarmos ativos e dispostos
❏ Para nos exercitarmos,
❏ Para nos expressarmos,
❏ Para ficarmos em casa,
❏ Para nos mantermos sãos,
❏ Sovar nosso pão e usar nosso forno,
❏ Nosso celular piscando com desculpas para não ir a festas.

Nós nos agarramos a quem amamos
Com o deslizar de uma tela.
Nos sentimos Zumbis,
Rostos enquadrados na prisão de um prisma.
Era quase um zoo[m]lógico.
& o que mais poderíamos fazer?
Só tínhamos um jeito de não morrer.

Será uma benção se nossos filhos
Nunca entenderem de fato o que
Nos fez chegar a esse ponto.

❏ Mostre este poema
   Se eles esquecerem.
❏ Se eles esquecerem, esqueça.

SOBREVIVENDO

Estas palavras não precisam ser vermelhas para que nosso sangue
[as atravesse.
Quando a tragédia ameaça acabar conosco, somos inundados
[pelo que é sentido;

Nosso rosto flutuando, desfigurado como a terra na mudança
De estações. Talvez os anos sejam organizados & planejados

Como as sementes num campo recém-arado.
Quando sonhamos, agimos apenas por instinto.

Podemos não ter muita certeza de tudo o que somos.
& ainda assim suportamos tudo o que fomos.

E até hoje estremecemos:
A revelação dói.

Não precisava ser desse jeito.
Na verdade, não precisava ser.

Os que se foram não eram/são um limiar,
Nem calçamento do nosso caminho.

Ainda que não tenham morrido
Por nós, agiremos por eles.

Só aprenderemos quando deixarmos essa perda
Cantar e seguir em frente como temos feito.

OS TOLOS

Estávamos carentes de toque &
Desnutridos de luz,
Como uma chama invertida,
Devorando qualquer calor até as cinzas.
O desespero mais profundo dá fome,
Pede & exige & exige cada vez mais,
Um estômago nunca satisfeito.
Isso não é uma hipérbole.
Nada do que é belo & bom & honesto
É um luxo, não quando esse vácuo
Nos leva ao imenso embarcadouro da guerra.

Mesmo se ficamos parados feito estátuas,
A inteireza do que perdemos
Nos atravessa como um fantasma.

O que vivemos
Continua indecifrável.
&, no entanto, resistimos.
& ainda assim escrevemos.
& por isso escrevemos.
Veja como ultrapassamos a neblina
Como um promontório no crepúsculo.

Isso tudo nos deixará amargos?
Ou melhores?

Sinta seu luto.

Então decida.

& ENTÃO

Reclamar é fácil.
Ter esperança é mais difícil.

Essa verdade, como um céu límpido,
Só se pode sentir em sua totalidade.
O magnífico não foi feito para ser um bocado.
Apesar de encharcada pelo medo,
Esta garota negra ainda sonha.
Sorrimos como um sol que nunca se desviou.

O luto, quando acaba, acaba tão suavemente,
Como o expirar daquela respiração
Que acabamos de prender, sem notar.

Já que o mundo é redondo,
É impossível fugir
Uns dos outros, pois ainda assim
Voltamos a estar juntos.

Algumas distâncias, quando permitimos que cresçam,
Tornam-se as maiores proximidades.

O ÍMPETO

Não há um jeito simples de sentir dor.
O verdadeiro dano é danado, truncado.
:Inaudível:
Precisamos mudar
Tudo neste final.
* * *
A doença é a morte fisiológica,
A solidão é uma morte social,
Na qual quem éramos colapsa como um pulmão.
* * *
Às vezes só precisamos de um lugar
Onde possamos sangrar em paz.
A única palavra que temos para descrever isso é
Poema.
* * *
Não há jeito certo de dizer
Como sentimos falta uns dos outros.
Há traumas que transbordam o corpo,
Uma dor que não se limita ao osso.
Quando nos aproximamos de uma alma irmã,
É com o ímpeto de todas as nossas vidas.
Talvez a dor seja como um nome,
Criado para cantar só para você.
* * *

Nós apresentamos uma desculpa
De nossas mãos que gorjeiam:
        Ainda sofremos,
Mas agora não ferimos mais
            Uns aos outros.
Nenhuma reconstrução é gentil.
Você precisa nos arruinar com cuidado.

O BOM LUTO

A origem da palavra *trauma*
Não é só "ferida", mas "perfurar" ou "virar",
Como as lâminas fazem quando encontram um lar.
O luto tem sua própria gramática,
Estruturada pela intimidade & pela imaginação.
É comum dizermos:
O luto nos aproxima de quem somos.
Nós mal conseguimos imaginar.
Isso significa que a angústia nos estimula a antever
Mais do que nos sentimos capazes de carregar
Ou suportar.
Ou seja, de fato existe
Um luto bom.

É através da dor que sabemos
Que estamos vivos & despertos;
Ela nos liberta para todas as primorosas
E excruciantes enormidades do porvir.
Somos perfurados pelo movimento que nos leva
Adiante.

Tudo que está sepultado não precisa
Ser um fardo, uma aflição.
Em vez disso chame de âncora,

O luto que nos aterra em seu mar.
O desespero vai embora como chegou:
Com um revirar dos lábios.
Até agora a convicção opera
Uma estranha magia em nossas línguas.
Somo reconstruídos outra vez
Pelo que nós
Construímos/descobrimos/vemos/lembramos/sabemos.
Carregar significa que sobrevivemos.
O que levamos sobrevive a nós.
Sobrevive em nós.
Onde uma vez estivemos sozinhos,
Agora nos aproximamos de quem somos.
Já fomos mordazes & brutais feito lâminas.
Agora só podemos imaginar.

QUE DESTROÇO É O HOMEM

ESSEX I

O *Essex* foi um navio baleeiro atacado por uma baleia cachalote em 1820. Dos vinte tripulantes, só oito sobreviveram, só oito foram resgatados depois de três meses à deriva no mar. A tragédia inspirou

Veja a tragédia, escreva um livro.
Olhe. Só quando estamos nos afogando
entendemos a força e a fúria com que nossos pés
podem chutar. Fomos tolos, preguiçosos, reclamões,
grande mar. Quantos destroços mais temos dentro de nós?
Por todo lado onde nossa vista alcança há corpos destruídos.
Nos disseram para nunca usar "eu" ao escrever, porque elimi-
nar essa voz legitima qualquer argumento. Mas nós percebemos
que nada é tão convincente quanto o "eu": nossa vida, nosso corpo
e seu pulso, tentando provar que têm razão. Digam se há algo mais
poderoso que o indelével. Aqueles homens passaram meses perdidos
nas ondas, sem ver nenhum rosto que não fosse o dos outros, alvejados
por um mar de queimaduras. Deixe passar o tempo necessário e garotos
vão ficando afiados feito feras, a barba alcança o peito como um cachecol.
O que sobrevive, o que se salva, precisa ser tão selvagem? É deste mar que
saímos, não mais animais, mas mais humanos? Desfigurados. De coração
partido. Sim, mas humanos. & humanos. Em outras palavras, nós nos torna-
mos o que caçamos, conforme inevitavelmente começamos a pensar como
nossas presas. Os caçados alimentavam lamparinas de um mundo trancado
todas as noites, nosso século inteiro iluminado pelo sangue. Quando aquela
baleia assassinou o navio, não houve mais dúvida de que o ódio podia viver
como hospedeiro em uma criatura. Caçar baleias é como ir à guerra, talvez
não voltemos desse naufrágio ilegível. Agora flutuando em pequenos
botes trêmulos, os tripulantes à deriva se afastaram da promessa da
terra, temendo canibais, aquelas fábulas sangrentas do estran-
geiro. Essa decisão tornou seu horror maior do que o
oceano furioso. Nós não fomos muito diferentes.

Moby Dick, de Herman Melville. Na época, as baleias eram caçadas por sua gordura, usada nas lâmpadas a óleo, entre outras mercadorias.

O que estou te contando está mais para um naufrágio do que para uma história – as peças flutuando, finalmente legíveis.

– Ocean Vuong,
Sobre a terra somos belos por um instante

Ficamos tão destruídos, arrebatados & perdidos
quanto eles. A perda é indecifrável. É possível
ser resgatado se não restou nada de você? A-
gora nós vemos todos eles, depois daqueles
meses de febre, no fim da tristeza de seus
pesadelos, a carne rubra dos amigos entre
os dentes. Eles tinham comido sete
dos seus companheiros. Nós
nos tornamos aquilo do que
fugimos & o que teme-
mos. Quem pode pa-
gar tal preço pela
luz? Talvez
estejamos
errados.
Muitas vezes
estamos errados.
Mas nos recusamos
a acreditar que o único
jeito de aprender seja através
da dor e do sofrimento, da chegada
do desastre. Ao contrário do que dizem
por aí, não temos facilidade para mentir.
Até o corpo revela, até nosso sangue corre em
direção à verdade. Nós nascemos bons, confiantes,
sem limites, com tudo que amamos à nossa disposição.
Olhe: nossas mãos abertas, mas não vazias, como algo
que está florescendo. Estamos seguindo em frente,
acolhendo também a única
vida que temos.

CHAMADO

Conceda-nos este dia
Ferindo a criação do que somos.

Às vezes mais da metade do nosso corpo
Não nos pertence,

O que somos torna-se receptáculo
para células não humanas.

Para elas nós somos
Um ser-barco.

Essencial.
Um país,

Um continente,
Um planeta.

Um microbioma
Humano são todas essas formas se contorcendo

entre & dentro deste corpo
rascunho da vida em andamento.

Nós não somos eu:
Nós somos nós.

Seremos chamados
pelo que levamos.

OUTRO NÁUTICO

Toda água tem uma memória perfeita e para sempre tenta
voltar aonde esteve antes.

– Toni Morrison

Em inglês, o sufixo de substantivo "-ship" nada tem a ver com a
embarcação.

Na verdade, está ligado a "qualidade, condição, habilidade, ofício".

Ele vem do inglês antigo "scieppan", que significa
"moldar, criar, formar, destinar".

Adicione "-ship" ao final de uma palavra & seu significado muda.

Relation ("relação")	→	ship	→	"relacionamento"
Leader ("líder")	→	ship	→	"liderança"
Kin ("parente")	→	ship	→	"parentesco"
Hard ("duro")	→	ship	→	"dificuldade"

Acrescente um navio ao fim de um mundo & os nossos
[significados mudam.

Este livro, como um navio, foi feito para ser habitado.
Não seríamos nós os animais, dois a dois,

Com cascos e chifres & melancólicos,
Entrando na arca que é nossa vida?
Nós, os mamíferos marcados para transbordar
Este dia que, latejando, se torna o amanhã.

* * *

Embarcar significa "entrar", "carregar", transportar num navio. Na gíria, "shippar" significa imaginar duas pessoas juntas como um par, aproximar duas coisas ou duas pessoas, portanto, ao "shippá-las", fazemos com que embarquem num sonho de amor onde antes só havia o vazio. "Ship" é uma forma reduzida de "relacionamento".

"Relation" → ship → "relacionamento"

Às vezes a redução não é um apagamento,
Mas uma expansão.
Não é um corte, mas um clímax.
Não é um rompimento, mas um crescimento.

A vida transforma os significados.
Pega um som, uma partícula
& lhe dá um impulso.

Só as palavras podem fazer isto:
Cutucar a gente em direção a algo novo
& assim nos aproximar → ficar juntos.

Talvez nossos relacionamentos sejam nossa estrutura,
Pois a fraternidade é nossa natureza & necessidade.
Somos formados especialmente pelo que imaginamos.

Existe de fato uma unidade
Que não exige um "eles"
Pelos quais nos sintamos ameaçados.
Essa é a própria definição do amor.
Nunca precisamos odiar um ser humano
Para abraçar outro, nunca precisamos sentir medo
Para sentir carinho pelos corações que batem junto com os nossos.

Esse naufrágio sem mar
Que temos buscado
Não é um campo florido
Mas nossos companheiros,
Os litorais mapeados
Apenas pelos outros.
Determinados, atravessando desgraças vinho-escuro,
Chegamos a nós mesmos.
* * *
A esperança é um pássaro delicado
Que enviamos em direção ao mar
Para ver se a terra ainda é um lar.
Queremos sua opinião sincera:
Será?
* * *

Nós, como a água, não esquecemos nada,
Abdicamos de tudo.
As palavras, também como a água,
São uma espécie de limpeza.
Por meio delas nos purificamos
Daquilo que não somos.
Ou seja, é através das palavras
Que nos ancoramos & nos mantemos íntegros.
Deixem-nos despertar & rugir
Como as feras antigas que somos.

NO FUNDO

Nadamos por entre as notícias
Como um navio escoiceando o mar.
Por um ano nossa televisão
Foi um farol, piscando
Só com alertas, nunca com afeto.
Nos sentíamos como criaturas noturnas,
Hibernando para fugir da nossa própria humanidade.
O luto transformou nossos braços em cordas.
Esse tempo todo, o que mais queríamos
Era tudo o que mais amamos.
* * *
As horas vagavam apáticas feito uma bicicleta
Bêbada e sem guidão.

Até.
Que tudo.
Volte ao normal.
Nós repetíamos, um encantamento
Para conjurar o Antes.
* * *
Estamos de luto pelo passado,
Mas não sentimos tanta falta dele.
Veneramos o corriqueiro,
Mas não nos lembramos de fato como era.

Já não sabemos
Que são muitas as maneiras
Como o normal pode
C r e p i t a r
&
Morrer?
* * *
Sim, a nostalgia tem seus propósitos:
Transportar dos espectros,
Os empregos que jamais voltarão,
Os gritos de parturientes das mães,
A mente de nossas crianças trancada para fora das escolas,
Os funerais sem famílias,
Casamentos à espera,
Nascimentos no isolamento.
Que ninguém tenha que
Começar, amar ou partir sozinho outra vez.
* * *
A terra é um truque de mágica
A cada segundo algo belo
Surge no palco e desaparece,
Como se apenas voltasse para casa.
Não temos uma palavra que descreva
O processo de tornar-se um fantasma ou uma memória.
Fazer parte desse lugar
É recordar seu lugar,
A longitude da saudade.

Essa elegia, naturalmente, é insuficiente.
Diga simplesmente.
Seremos chamados pelo que deixamos para trás.
* * *
Não é o que acabou que vai nos assombrar,
Mas o que foi contido,
O que foi deixado de fora & mantido longe.
A mão contraída com força
A cada vento sombrio.
Não podemos compreender todos esses espíritos
Mas não tememos os nossos fantasmas.
Aprendemos com eles.
* * *
Lentamente como o mar,
Encontramos a devoção e a teimosia necessárias para dizer:
Onde pudermos, teremos esperança.
Nós a encontramos em milhões de delicadezas.
Uma imensidão:
A gargalhada de uma criança,
O verão fazendo nossa pele brilhar,
A música borrando uma rua no calor.
Como quando encontramos amigos
E nossa risada pode explodir
Do nada.
Através do buraco aberto com um soco no teto
Podemos ver um retalho do céu.
Nossas feridas também são nossas janelas.

Através delas observamos o mundo.

* * *

Rezamos por um milagre.
O que ganhamos foi um espelho.
Observe como, sem movimentos,
Nós nos juntamos.
O que entendemos? *Nada. Tudo.*
O que estamos fazendo?

Ouvindo.

Foi preciso nos perdermos
Para ver que não precisamos de um reino,
Mas dessa afinidade.
É o pesadelo, nunca
O sonho, que nos desperta com um susto.

FAROL

Homo sum, humani nihil a me alienum puto.
– Terêncio

Nunca nos encontramos
& ainda assim nos perdemos de vista,
Dois faróis trêmulos na névoa.
Não podíamos nos abraçar.

Este ano foi um não ano.
Quando as futuras gerações perguntarem, diremos
Que foi mais ou menos assim:
Vazios, os parquinhos rangiam,
Corpos esticados como talos de aipo,
A marca do calor, feriados,
Encontros & pessoas enferrujaram
Em nossos crânios amargos.
Os momentos oscilavam, nunca marcados,
Sem rumo, mas não sem enredo. O tempo   col   aps   ou
E se tor nou   me ra   forma
Que procurávamos, tateando, dormentes
(& diga-nos: o que é uma hora
Senão uma rotação pela qual marcamos nosso luto).
Meses inteiros varridos, depressa mas arrastados

Como um vazio úmido preso no retrovisor.
Nossas almas, solitárias & solenes.

Àquela altura, nosso medo era antigo & exato,
Gasto e rígido como uma roupa passada adiante.
Quando o horror deixou de ser nossa herança?
* * *
O coração compartimentado pelo luto.
A mente, acostumada ao sofrimento.
Ainda assim saímos daquele pálido avião,
Embora tivéssemos a opção de continuar.
A esperança não é porto silencioso, nem refúgio sereno.
É a coisa que ruge e nos puxa para longe
Das praias às quais nos agarramos.

Embora nunca tenhamos nos encontrado,
Sentimos um ao outro o tempo todo,
Calados & sem rumo, acesos
Pela pressa de seguir em frente.
Nenhum ser humano nos é estranho.

BÚSSOLA

Este ano do tamanho de um mar
Revirado de enjoo.
Como uma página, somos legíveis somente
Quando nos abrimos uns para os outros.
Pois o que é um livro
Senão antes de tudo um corpo,
Que espera e deseja —
Que anseia estar inteiro,
Cheio de si. Este livro está cheio
De nós. O passado é um
Déjà vu apaixonado,
Uma cena que já vimos.
Nas formas da história, encontramos nossos rostos,
Reconhecidos, mas não lembrados,
Familiares, porém esquecidos.
Por favor.
Não nos pergunte quem somos.
A parte mais difícil do luto
É dar-lhe um nome.

A dor nos separa,
Como lábios prestes a falar.
Sem linguagem nada pode viver

De fato, muito menos
Ir além de si mesmo.

Perdidos como nos sentimos, não há melhor
Bússola que a compaixão.
Nós nos encontramos não ao ser
Os mais vistos, mas os que mais veem.
Observamos um bebê
Dar seus primeiros passos sozinho na grama morna,
Sem fugir, apenas correndo, como fazem os rios,
Pois essa é sua natureza livre.
Sorrimos, nosso rosto inteiro se ilumina
Com essa simples coisa deslumbrante.
Como é possível não termos mudado?

HEFESTO

Preste atenção.
Uma vez que caímos
Nesta era do erro,
Somos recriados entre destroços.
O que aconteceu com a gente?,
Perguntamos. Um questionamento verdadeiro.
Como se fôssemos apenas os afetados,
Destinatários a quem
Um trauma desconcertante foi enviado.
Como se não tivéssemos gritado
A cada inclinação nas nossas proas.

Trabalhamos igualmente
Na queda e na ascensão.
Lembre sempre que
O que nos aconteceu
Atravessou cada um de nós.

Nós nos perguntamos o quanto
Podemos nos aproximar da luz
Antes de fechar os olhos.

Quanto tempo podemos ficar no escuro
Antes de nos tornarmos mais que nossas sombras.

Preste atenção.
A responsabilidade é uma dívida
Que sempre teremos uns com os outros.
* * *
Isso não é uma alegoria.
Recaímos em nós mesmos,
Como uma fruta presa no próprio galho.
Aquela queda seca é o começo
Do que devemos nos tornar.
* * *
Digamos que nossos pés erraram um degrau da escada —

O choque ziguezagueando forte em nossas veias —

— Ainda que nossos pés perdoem o chão.
O sangue pulsando afiado em nossas veias
Nos lembrando que somos perecíveis
Mas prevalecemos, vivos e furiosos.

Às vezes

A queda

Só nos faz

Ser um pouco

Mais

Nós mesmos.

TODOS OS DIAS APRENDEMOS

Todos os dias estamos aprendendo
A viver com integridade, não com facilidade.
A nos mover com pressa, nunca com ódio.
A deixar essa dor que está além de nós
Para trás.
Como uma habilidade ou qualquer arte,
Não podemos ter esperança sem praticá-la.
É o ofício mais fundamental que exigimos de nós mesmos.

CORDAME, ou REPARAÇÃO

[Hensleigh Wedgwood, *A Dictionary of English Etymology*, 1859]

Chamem a gente de comida de peixe.
Não somos profetas.
Não somos proventos.
Nosso ano inteiro engolido
Por uma bocarra imensa.
O que mais poderia digerir
Nossos corações, pesados de mágoa,
Tudo & todos em choque
Profundo, como se o mar fis-
gasse seu fôlego, seu tempo.
Como se tentasse conter seu ser inteiro.

Durar era estar juntos,
Mas separados, próximos em nossa distância.
Para fazer parte da vida,
Tivemos que nos afastar dela,
        Vivos, mas solitários.
Era a morte pela sobrevivência.

***

A palavrar *reparar* vem
do latim *reparare*, unindo

re & *parare*, "outra vez" e "preparado".
Com o tempo, *reparar* ganhou outros significados:

"atenuar os efeitos, corrigir, remediar,
ter a atenção despertada, notar, perceber."

Lá vai a nossa esperança,
Ininteligível em sua imensidão,
Como uma baleia indo cada vez mais fundo.
& por mais angustiados que estejamos,
Continuamos de pé,
Dourados como a praia,
Apesar de todo augúrio, uma prova
De que os mansos herdarão a terra.
* * *
Chamem a gente de As Irmãs Estranhas
Ardilosas como rios de sangue derramando.
Nossos deuses devem presságios aos homens.
Ou melhor, respostas.
Escondemos um batalhão no corpo
Deste poema, selvagem como um lobo na floresta.

A força e a sobrevivência são coisas diferentes.
O que dura nem sempre é o que escapa
& o que está seco ainda pode resistir.
Observamos os homens repetindo seu amém,
Palavras que se debatem nas mãos deles.

A poesia é sua própria prece,
O mais perto que as palavras chegam do desejo.

Que venha o décimo ano nesta luta,
Não permitiremos mais que as sombras
Habitem livremente dentro de nós.
Sairíamos desta noite
Que despenca sobre nossas cabeças.
Muitas vezes não conseguimos mudar
Sem que alguém em nós morra.
* * *
Chame a gente um êxodo,
Que recebeu dez pragas sobre si,
Pois tudo o que vemos é vermelho.
A linguagem intencional, como um poema,
É separar nossas águas como um corte,
Encontrar o mar também de luto & se abrindo
O suficiente para que o cruzemos.
* * *
Não.
Nós somos a baleia,
Com um coração tão imenso
Que não pode conter o lamento.
Não podemos não ajudar.
Se fosse dada a escolha, não estaríamos
Entre os Escolhidos.
Mas em meio aos Transformados.

A união é uma obra da devoção,
Palavra à qual nos somamos,
Que nos deixa devastados ao ser escrita.

O futuro não foi alcançado.
Está reparado, até
Que seja remediado pela história,
Até que o lar seja mais que a memória,
Até que possamos abraçar apertado
As pessoas que nos são mais queridas.

Que destroço maravilhoso somos.
Espantamos nosso frio
& o retraimento da separação.
Como uma videira que cresce da noite pro dia,
Estamos tristes e ávidos
Sobre este solo mortal
& ainda assim não fomos diminuídos.
Se apenas por este novo dia
Pudermos retomar nossas vidas.

OLHOS DA TERRA

LUMINOSOS

Como ficaríamos despidos
Como uma árvore no inverno?
As cicatrizes brilhantes, a pele rente
Podem parecer prata sob certa luz do luar.
Em outras palavras,
Nossas marcas são nossas partes
Mais luminosas.
* * *
A lua crescente,
O corte luzente na noite.
Somos carvalhos caídos sob a lua
Galhos carregados de vazio.
Olhe mais de perto.
O que dividimos é mais
Do que é deixado para trás.
* * *
& o que temos em comum é a casca, são os ossos.
A partir de um fêmur fossilizado, paleontólogos
Sonham com uma espécie inteira,
Imaginam um corpo
Onde nada havia.
Nossos restos são uma revelação,
Nosso réquiem, um arrebatamento.
Quando nos curvamos e viramos pó

Somos a verdade preservada
Sem a nossa pele.
* * *
Lúmen é ao mesmo tempo a cavidade
de um órgão, literalmente uma abertura,
& uma unidade de fluxo luminoso,
Literalmente, uma medida da luminosidade
De uma fonte. O quanto ela nos ilumina.
Isto é, nós também
Somos essa unidade de brilho corporificada,
Fresta pela qual a luz escapa.
* * *
Desculpe, a luz deve ter
Nos enganado, dizemos,
Coçando os olhos,
Mas talvez sejamos nós que criamos
Equívocos luminosos —
Nossas sombras brincando com as estrelas.
Toda vez que olham para baixo
Elas pensam que somos monstros, depois homens,
Predadores, depois pessoas outra vez,
Feras, depois seres,
Horrores & depois humanos.
De todas as estrelas, a mais bela
Nada mais é do que um monstro,
Tão faminto & perdido como nós.

VIDA

A vida não é o que prometeram,
Mas aquilo que buscamos.
Estes ossos, não os achados,
Mas aqueles pelos quais lutamos.
Nossa verdade, não a que foi dita,
Mas a que pensamos.
Nossas lições, as que aprendemos
& as que trazemos conosco.

CHAMADO ÀS ARMAS

Escrevemos como filha de um / mundo moribundo / como um alerta
de sua nova face. / Na matemática, a barra / também chamada tranca /
simboliza a divisão, dividido por. / Estamos divididos / separados uns
dos outros, pessoa / pessoa. Alguns lutos, como os rios, não são atraves
/ sáveis. Não se pode cruzar suas águas, / só caminhar pela margem.
Nossas perdas / colossais & expostas / nunca se perdem dentro de nós.
Amar a terra / como quem a desvalorizou. Em outras palavras, / nau-
fragamos a terra / poluímos o solo / & estragamos o chão onde
[pisamos. /
Escute. Nós somos o fardo / que este planeta carrega. / O futuro
[precisa
que nós / estejamos assustados. O homem é um mito / em construção /
O que agora é pó não voltará, / nem quem amamos, / nem seu alento, /
[nem
as geleiras desmanchadas feito açúcar, / nem os corvos mastigando / sua
canção soturna, / nem todas as espécies / derrubadas / por uma
[corrente
de ar poluído. / A extinção é um refrão / com uma batida baixa /
[repetindo
a mesma nota. O que jamais poderemos trazer de volta / podemos
[levar
adiante / na memória / na palavra / no pensamento. Falar o que
[aconteceu
é contar / só metade / da história.

OLHOS DA TERRA

O que estamos fazendo? Neste
momento nossa mandíbula está travada,
nossos ombros estão presos às orelhas, ossos em
prontidão para uma batalha brutal. Com *Pensem na próxi-
ma geração* queremos dizer: *Todo dia estragamos o chão sob
os nossos pés, pois estamos acabando com tudo na Terra até que
a Terra se acabe*. Por favor, acredite quando dizemos que também nos
dói imaginar algo novo. A reparação não está na terra que nos pertence,
mas na terra com que temos uma dívida, o solo e o trabalho que roubamos
desde o início. Nenhum ápice é mais alto que a água, potável; o ar, respirável;
pássaros fortes & misturados à brisa; árvores exalando suspiros imensos no
céu; nossas crianças sorridentes & coradas na grama. Pela primeira vez dili-
gentes, precisamos reconquistar esta Terra transformada. Agora nos im-
ploram para salvá-la. Gritamos com jovens que devem consertar o mun-
do, pois suportá-lo já não basta mais. *A juventude vai nos salvar*, eles
dizem. Mas até isso tem seu preço. Nossas vidas curtas agora miram
os monstros de cabeça oleosa que ocultavam os dentes antes de nos-
so primeiro gemido ao nascer. Gerações da antiga ordem, traba-
lhem conosco, não esperem resgate. Ah, como queremos
nossos pais vermelhos & vivazes, tão tenazes
e decididos a fazer a diferença,
como nós.

ARBORESCENTE II

Como as árvores,
Estamos sempre
Em busca
De calor,
Não com
Os olhos,
Mas com o borrão
De nossos corpos,
O celeste
dentro de nós.
Nos voltamos para cima
Pois lá
Há formas
De esperar &
Deixar que a alegria
Encontre essa ferida,
Ainda
Que nós
Deixemos a perda
Lavar
Nossas cabeças
Como
Um som
Muito baixo.

Nós nos agarramos
Ao que há de melhor
Em cada um
De nós
& começamos.

CATIVOS

Os animais invadiram as nossas ruas
Exigindo respostas ou comida,
Estavam aqui para pegar de volta
O que era deles.
Fomos atravessados por uma necessidade
Inaudita pela natureza,
Pelo céu relaxado em seu azul,
O cravejado comovente das estrelas.
Tiramos os sapatos naquele mês de junho
& nos sentamos com os pés pegajosos de verão
No gramado de alguém
Só para deixar a grama esquentar
Nossos dedos. Ainda estamos naquele verde,
Fechando os discos dos olhos,
Nossas cascas balançando
Com uma brisa inimaginável.

[Animais em cativeiro demonstram o que é chamado
de comportamento estereotipado: ações repetitivas & invariáveis
sem objetivo nem função. Alguns exemplos
incluem caminhar sem parar, lambidas excessivas,
se balançar, chutar, dormir demais & auto-
mutilação.]

Nosso (re)lembrar
é nublado e tempestuoso.
O isolamento é um clima muito próprio.
Seis meses & ainda não entendíamos
O que estávamos perdendo a cada minuto.
Perseguíamos nós mesmos em nossa própria casa,
Totalmente confusos, constantemente enfurecidos.
Roíamos as unhas até o sabugo,
Rangíamos os dentes até virarem pó de estrelas,
Revirávamos memórias não poluídas
Na nossa mente, como quem lança
Uma moeda gasta na fonte dos desejos.
Caminhamos todos os dias com os moribundos
Da terra. As esperanças aferrolhadas
No fundo da garganta, uma extinção.
O que, exatamente, quer dizer "normal"?
O que, exatamente, é dizer?

[Vários animais apresentam estereotipias, inclusive
elefantes, cavalos, ursos polares, macacos & humanos.
Por não ser observado na natureza, o comportamento estereotípico
é considerado um forte indicador de más condições de saúde
[psicológica
do organismo encarcerado. Por isso, são considerados uma
[anormalidade
(ou talvez o cativeiro seja o verdadeiro ambiente anormal).
[Jaulas

menores podem exacerbar estereotipias. Estar cativo, então, é tornar-se uma caricatura de si mesmo.]

Os mesmos *sapiens*, invadimos nossas ruas
Exigindo respostas & mudanças.
Amar é ser responsável
Por nós mesmos & uns pelos outros.
Nossa necessidade por natureza
É nossa necessidade por uma origem,
O lugar verde emaranhado
Onde não fazemos diferença
& ainda temos importância como tudo o mais.
Contamos cada pulsação regida por um órgão
Que faz de nós esse mamífero bípede.
Entre as formigas, às vezes até a rainha
Precisa carregar & enterrar seus mortos.
Nós não podemos listar tudo o que daríamos
Só para ser esse coração ileso.

[Isolados, os animais podem começar a demonstrar
[comportamentos
repetitivos, ao longo do tempo & no mesmo lugar, várias
& várias vezes, com os mesmos resultados. O que descrevemos é
loucura. Ou 2020.]

Talvez exista um dia sem o terreno esfarrapado
Do terror, só o éter atado ao

Azul. A beleza do planeta,
Quando nos lembramos de olhar,
Nos deixa atordoados como bebês.
Através do cuidado afirmamos
Que estamos aqui,
Que somos.
É como nos
Libertamos.

PAN

Pandemia, pois se refere a todos.
Pandemônio significa
Todos os demônios.
Pandora significa
aquela com todos
os dons. Pã é o nome
do deus da natureza. To-
das as pessoas têm significado,
todos os seus demônios e dons.
É da nossa natureza divina. Agora
compreendemos que a caixa de Pandora
era uma jarra deixada entreaberta, um pito
(apontar a tradução equivocada, então, é correr
o risco de ser lembrada de seu caráter ficcional),
um recipiente para armazenar grãos, óleo, trigo e
até mesmo os mortos. Precisamos de lugares pa-
ra depositar nosso luto. Um outro lugar para
contê-lo. Um vaso guardou toda peste,
toda dor & toda esperança. O que
somos senão a curiosidade
de abrir os caixões
que carregamos,
quem somos senão todas
as coisas que deixamos à solta?

MEMÓRIA

MEMORIAL

Quando contamos uma história
Vivemos a
Memória.

Na Grécia Antiga, acreditava-se que as Musas, as delicadas filhas
[da Memória,
inspiravam os artistas. Não é o saber, mas a lembrança, o que nos
faz criar. Isso explicaria por que tanta arte grandiosa surge do
[trauma, da nostalgia ou
do testemunho.

Mas por que a aliteração?
Por que a percussão pulsante, a cadência das sílabas?
É o poeta que batuca o passado dentro de você.

O poeta transcende o ato de "contar" ou "apresentar" uma história &
em vez disso a recorda, pega, prova e preserva sua vastidão.

Só agora a Memória, antes abandonada, encontra um porto seguro
dentro de nós.
Sinta todas essas histórias alcançando nossa boca faminta.

PRÉ-MEMÓRIA

Marianne Hirsch afirma que os filhos dos sobreviventes
do Holocausto cresceram com memórias do trauma de seus
[pais; isso quer dizer que podem se lembrar de sofrimentos que
[eles mesmos não viveram. Hirsch chama
isso de pós-memória. Seo-Young Chu argumenta que a
[pós-memória
de Hirsch é *han*, um conceito coreano de luto coletivo. Portanto,
a pós-memória *han* é o *han* que as gerações anteriores transmitem
aos descendentes de coreanos nascidos nos EUA. Chu afirma:
"A pós-memória *han* é um paradoxo: a experiência
lembrada é ao mesmo tempo real e virtual, herdada
e familiar, distante e presente". O eco do flagelo
da Jim Crow também é transmitido entre os corpos negros
antes mesmo do nascimento.
* * *
O trauma é como uma estação do ano, intenso e fiel,
uma força que nos obriga a cobrir as janelas com tábuas.
Mesmo quando passa, seu gemido dolorido volta a ecoar em
[torno da nossa varanda.

Destruímos tudo que há de bom, assim ele não nos envergonhará.
Como é fácil amar & abandonar este lugar.
* * *

Assim, a memória coletiva não precisa ser
vivida em primeira mão para ser lembrada. O luto, a cura
e a esperança não dependem da primeira pessoa do singular &
[em geral
fazem parte da memória de muitas pessoas.

Em espanhol, assim como no português, a conjugação
verbal varia de acordo com a pessoa. *Llevo* significa "eu levo".
[Diferente do inglês, o pronome *yo* (eu/*I*) se torna
[desnecessário. O "eu" é pressuposto, não ausente. *Lleva*, por
[exemplo, já significa que ela/ele/você leva alguma coisa.
Algo similar, se não exponencial, acontece com a pós-memória.
[Ela não é um solo, mas um coro, um nós leal,
que não se coloca acima dos outros, mas entre os outros.
O trauma se transforma: eu/ela(s)/ele(s)/você(s)/nós recordo,
[recorda(mos). Eu/ela(s)/ele(s)/você(s)/nós passo, passa(mos)
[por isso.

* * *

Ainda que estivéssemos lado a lado, foi aterrorizante.
Quem mais confundiu a dor com a proximidade?

Não acredite numa só palavra que sai da nossa boca.
Diríamos qualquer coisa para evitar o afogamento.

* * *

Afirmamos que a pré-memória é um fenômeno em que nos
lembramos do que ainda estamos vivendo.
É como entendemos a realidade atual como uma

memória coletiva, ainda que essa realidade continue a se desdobrar. As recordações não pertencem a uma só pessoa, nem têm um fim cronológico determinado. A afirmação se torna: Eu/ela(s)/ele(s)/você(s)/nós sei, sabe(mos). Eu/ela(s)/ele(s)/você(s)/nós estou, está, estamos aqui.

* * *

Cutuque a cicatriz até que ela fale.
É assim que cada memória começa.

Baixamos a cabeça como se fossem duas,
Dentro de um eco que ressoa há muito tempo.

* * *

Há alguns de nós que, ao passar por uma tragédia ou comédia na vida, logo pensam: *Como contar isso para alguém? É possível contar? Como é possível começar a contar a história do que nos aconteceu?*

A pré-memória define quem somos como um povo. Vamos esquecer, apagar, censurar, distorcer a experiência enquanto a vivemos, para que não possa ser totalmente lembrada? Ou vamos perguntar, carregar, manter, dividir, escutar, dizer a verdade, para que não precise ser totalmente revivida?

Essa é a diferença moral entre a amnésia coletiva & a recordação coletiva.

É contando histórias que a memória inarticulada
se torna arte, se transforma em artefato, vira um fato,
é sentida outra vez, se liberta. Impérios foram construídos
& destruídos por muito menos. Nada é tão angustiante,
ou tão perigoso, como uma memória reprimida, inexplorada,
inexplicada & monolítica. O luto é a granada que sempre explode.
* * *
Aqui, um sorriso é uma estrela repentina que não morre & se
[condensa.
Viver só para morrer é estar condenada mas
poder ser resgatada.

O que sabemos até agora é que
Estamos muito longe do que sabemos.

QUEM VAMOS CHAMAR?

O que é a escrita, se não a preservação dos fantasmas?

— Cameron Awkward-Rich,

"Ensaio sobre a aparição dos fantasmas"

Despertamos os fantasmas,
Principalmente em busca de respostas.
Ou seja, buscamos
fantasmas por suas memórias
& os tememos pela mesma razão.
Nosso país, uma terra de sombras.
Mas nós somos os únicos espectros.
Se vamos invocar
Alguma coisa ou alguém,
Que seja o lado mais gentil de nós mesmos.
* * *
Como fantasmas, temos muito
A dizer. E vamos nos contentar,
Mesmo que estejamos num cemitério.
Somos famintos e assombrados
Como este lugar.
O passado é onde deslocamos o lar,
Nossas formas fluidas outra vez
Em todas as coisas luminosas.

QUANDO

Nós nos esquecermos dessa imensidão, ela ainda será nossa, pois
registramos esses mistérios: fizemos coisas que outros não ousaram.
Juntamos todas as dores ofuscantes & perigosas & sonhadas, as
[fragmentamos, embora ainda não tivéssemos palavras com as quais
[mapeá-las.

Alguém vai se lembrar de nós, disso, mesmo que noutro tempo,
ainda que com outro nome.

Envolvemos o corpo com os braços, como se pudéssemos
abraçar o todo que existe dentro de nós — tudo o que
faz de nós essa partícula misteriosa. Talvez o amanhã
não possa esperar para ser hoje.

Nesta única vida, nós, como nossa alegria, somos fugazes, mas precisas,
abstratas & absolutas, fantasmas que brilham & brilham.

O VALE DA SOMBRA DA MORTE
ou
EXTRA! EXTRA!
LEIA TUDO SOBRE O ASSUNTO!

Prometemos escrever a
[verdade.

Fique conosco até o fim.

É assim que uma palavra vira
um vírus & depois um corpo &
depois corpos amontoados.

A gripe "espanhola" *não* surgiu
[na Espanha. Na verdade,
o primeiro caso foi registrado
nos Estados Unidos — no
[Kansas,
em 9 de março de 1918
[(cuidado
com março). Mas, como a
Espanha era neutra durante
a Primeira Guerra Mundial,
ela não censurou os relatórios
sobre doença e os divulgou
ao público.

Falar a verdade, então, é correr
[o risco
de ser lembrado pela ficção.

Vários países jogaram a culpa
uns nos outros. O que os EUA
chamaram de gripe espanhola,
a Espanha chamava de gripe
francesa ou de Soldado Napo-
litano. O que a Alemanha ape-
lidou de Peste Russa, a Rússia
chamava de gripe chinesa.

Dizem que a ignorância é uma
[bênção.
A ignorância é isto: uma
[trepadeira
que cresce subindo numa
[árvore e a
mata, não com veneno, mas
[impedindo
a luz de entrar.

Em 1882, a Lei de Exclusão
[Chinesa
proibiu a entrada de imigrantes
[chineses
que queriam trabalhar nos
[EUA.
Essa foi a primeira lei federal
do país a dizer que existia
[imigração
"legal" & "ilegal". Foi assinada
depois de gerações de
[estereótipos
dos chineses como
[transmissores
de cólera e varíola.

Mais uma vez, as palavras
[importa(ra)m.

O primeiro passo para
[transformar um
povo em bode expiatório é
[deslegitimar
seu valor — chamá-los
de hospedeiros, de nada
menos que o horror.

Há um remorso que sentimos
toda vez que um novo amigo
não nos diz seu nome de
[nascença
para prevenir que nossa língua
cometa uma violência como
[essa.

A herança não é transmitida
[pela
lembrança direta, mas pelos
[relatos
indiretos. Os que vêm depois
[não
se lembram desse momento,
mas o momento certamente
chegará para eles.

Continue lendo.

Essa discórdia é tão antiga
[Que nos transforma
[em fósseis, uma história
[que deixou de ser só
[nossa & ainda o é, nunca
[compreendida.

Na Espanha, *vale* (pronuncia-se
bale) carrega vários
[significados:
"ok", "entendi", "boa", "tudo
certo". Como no português,
[o verbo
valer quer dizer "custar, ter
[valor",
como no inglês *value*, mas *vale*
[ressoa com outros sentidos.
Embora fosse chamada de
["Cólera
asiática", a doença se
[disseminou
na Europa. Originalmente, a
[varíola tinha sido trazida para
as Américas pelos invasores
europeus, não por asiáticos,
contribuindo para a morte
de milhões de povos
[originários.

Às vezes precisamos chamar
nossos monstros que vivem
debaixo da cama para ver
se eles/elas têm nosso rosto.

Há quem odiará nossas
[palavras pois
elas vêm de rostos como os
[nossos.

Quando a epidemia de gripe
[de 1918
atingiu Chicago, John Dill
[Robertson,
secretário de saúde da cidade,
[culpou
os afro-americanos que fugiam
[do Sul
para as cidades do Norte por
[causa
da opressão da Jim Crow.
[Nessa cidade
cercada de lagos, onde nossa
avó e mãe nasceriam, o
[*Chicago Daily Tribune*
[publicou, em 8 de julho de
[1918, a manchete:
"Meio milhão de pretos
[vindos de Dixie fogem para o
[Norte para se curar".

Continue. Prometemos que
vamos chegar a algum lugar, ok?

Vale?

O repórter do *Tribune* Henry
[M.
Hyde escreveu que pessoas
{ńegras
"são obrigadas a viver em
cômodos lotados e condições
insalubres; estão cercadas por
[uma
tentação constante de buscar
instalações mais arejadas ou
hospedagens menos piores".

O opressor sempre dirá que
os oprimidos querem suas
jaulas superlotadas,
[aconchegantes
& confortáveis como são; o
[senhor
vai alegar que as correntes dos
escravizados eram boas,
compreensíveis, ok, tudo
[certo —
como se não fossem correntes.

A injúria racial nos reduz
a mamífero, menos livre.

Em resumo: a ofensa é um
[som
que nos animaliza.

Nunca soará bem, nem será
[com-
preensível, nem estará tudo
[certo:
Em 1900, o cirurgião geral
[Walter
Wyman descreveu a peste
[bubônica
como "uma doença oriental,
[própria
de comedores de arroz".

Como se fôssemos o que
comemos &
não também quem
[enganamos, o que
tuitamos.

Ele estava morto.

Queremos dizer que ele foi
[morto
Por um erro.

Só conseguimos entender
totalmente a linguagem pelo
[que
não sobrevive além dela.

Assim, a ignorância é
um som que nos atinge —
[azul, preto, amarelo,
vermelho, a ruína de um arco-
[-íris.
Em espanhol, o artigo definido
correspondente ao inglês *the*
(no português *o*, *a*, *os*, *as*) é
usado com muito mais
[frequência.
Não é azul, é *el azul*. O preto,
[*el negro*.
História, não, *a* história.
[Como se
houvesse a espuma de vários
passados & devêssemos
[explicar
qual deles perdoamos. Se é
[que
perdoamos algum.

Nosso país, que não
abandonamos
por não ser grandioso, que só
[encontraremos se formos bons.

É com a bondade que
[movemos as
palavras em direção ao novo:
[um
novo tipo de graça. Em
[espanhol,
a palavra *valor* também
[significa
coragem. A bravura deve nos
[custar
alguma coisa, do contrário ela
[não
vale nada.
Quem mais deve pagar & pelo
[quê?
Se entendermos isso,
[podemos
dizer *vale*.
Esse ato fala por si só, como se
dissesse: sabemos o que
[significa
erguer a cabeça, sair dessas
sombras que chamamos de
[noite.

Caminhamos pelas
[profundezas
sem céu e foi isso que pagamos
para ficar tudo bem.

Esse sentimento pode ser dor,
[poesia
ou ambas. Mas ao menos não é
mentira.
A ignorância não é uma
[bênção.
A ignorância é perder:
[impedir a
nós mesmos de ver o céu.
Juramos escrever toda a
[verdade,
como no final de uma carta.
Adeus a todos que nos fazem
ver menos ou não ser vistos.
Feras destemidas que somos,
ficamos em pé e nos afastamos

de uma tristeza duradoura.
[Sua
promessa é a única verdade
articulada entre nós. O céu é
colossal, inegável & ainda
[assim

compreensível. Talvez
[ninguém possa
pagar o preço da luz. Nós
[tentamos
tirar proveito de qualquer
[calor.

DE VOLTA PARA O PASSADO

Às vezes até bênçãos nos fazem sangrar.

Há alguns que perderam suas vidas
& há aqueles que se perderam de nós,

A que agora podemos regressar,
Todos os nossos eus invocados suavemente.

O mais perto que chegamos de viajar no tempo
É ver nossos medos se suavizando,

Nossas feridas se desatando,
Conforme ficamos mais parecidos

Com nossa família, conforme voltamos
A ser quem fomos

Antes de realmente sermos
Alguém ou alguma coisa —

Isto é, quando nascemos sem ódio
& desimpedidos, gemendo úmidos

Por tudo o que ainda poderíamos nos tornar.
Voltar no tempo é recordar

O momento em que tudo o que sabíamos sobre nós era amor.

REPARAÇÃO

APAGAMENTO

Vários dos poemas a seguir foram criados a partir da
técnica de apagamento, e isso significa que são documentos que
[tiveram
partes removidas, assim como alguns vão chamar este ano de "o ano
que passou", "o ano longo", "o ano do desamor". A chave do
apagamento construtivo — & não destrutivo — é criar uma
extensão, e não uma extração. Não é apagar, mas expandir, e
[nesse processo
procuramos o que foi tachado, o que fica sob a superfície líquida das
palavras. É evitar que as palavras se afoguem. Assim, a caneta
busca emergir, evocar, explorar e expor os corpos, a verdade, as
[vozes que
sempre existiram, mas foram exiladas da história & da imaginação.
Nesse caso, apagamos para encontrar.

As Cartas

CONDOLÊNCIAS

Nosso flagelo era contar
A morte de Cecilia —

Impossível

Essa peste atacou
                    Foi trazida para cá
Se espalhou rapidamente

Interrompeu as atividades cotidianas
                    Se dedicou totalmente a isso

Perdemos relativamente tudo o possível

O doente nunca era um alguém

Nós queremos sentir

                    Essa doença

Não poupou esforços, nem tempo, nem preocupação.
Embora pudesse acabar conosco

Essa doença que assola o país
Foi pior aqui do que em qualquer outro lugar

Não era esperada

Agora que a peste recomeçou
O trabalho que temos a fazer agora

É confiar nos corpos que somos*

* Carta de condolências da superintendente da Agência Indígena de Yakama. Washington, 29 de outubro de 1918. Bureau of Indian Affairs (Gabinete de Assuntos Indígenas).

CARTA DE UMA ENFERMEIRA

Todo mundo tem que morrer
Achamos que temos sorte
Acredite
Nós estivemos lá & ainda queríamos ficar,
O lar é um novelo de coisas que mal começamos a nomear
Ah!
A primeira a morrer com certeza nos desconcertou
O alvorecer é uma coisa horrível
& ainda assim

Todos os dias
Somos chamadas & esperamos
Se a sorte nos favorecer, podemos descobrir quem somos.
Preservar a vida em nossas mãos
Há muito a dizer
Não acreditamos que devíamos
Superar nada disso
Um ano normal
Talvez nos lembremos agora.
Todas as escolas, igrejas, cinemas, casas noturnas etc.
Também estão fechadas aqui.
Há um projeto de lei no Senado.
Não podemos fazer nada além de ter esperança.
Ha-ha!

Se não estivermos mortas
Escreva
Escreva
Seja
Faça
A –*

* Carta de uma enfermeira para sua amiga na Haskell Indian Nations University, no Kansas. 17 de outubro de 1918. Bureau of Indian Affairs (Gabinete de Assuntos Indígenas).

[NOSSOS]

Com o devido respeito
Aos negros —
Ao pai ceifador.
Não venha buscá-los.
Essa é a nossa opinião —
Como lhe foi dado
Pela vontade, pelo verbo.
Todos os negros considerados Dívidas,
Parte daquilo a que temos direito.
Um tipo de resfriado epidêmico
Afetou todos os negócios &
Afetou nossa saúde geral,
Nós nos recuperamos,
A incisão provocada
Por esse abcesso
Foi curada.
Que estejamos juntos em todo o bem.*

---

* Carta de George Washington a Betty Washington Lewis, 12 de outubro de 1789. Arquivo Nacional dos EUA.

SELMA EPP

Eles se afastaram.
Levaram a doença aos seus.
As pessoas tinham esperança —
Deus, leve embora essa doença.
Todos ficaram

Cada vez mais fracos.
Os mais fortes carregavam
Os outros.
Protestos.
Daniel tinha dois anos;
Ele era só um garotinho.
Seu corpo o levou embora.*

* Um relato de Selma Epp, que era criança durante a epidemia de gripe de 1918 e morava em um bairro judeu na zona norte da Filadélfia.

A FAMÍLIA DONOHUE

Geralmente as pessoas
            Caem
As pessoas   morrem
As pessoas   não deviam ter morrido.
A maioria delas imigrantes.
Essas pessoas vieram à Terra Prometida.
Vieram cheias de energia

&   foram

Destruídas.*

---

* Relato de Michael Donohue. Sua família administrava uma funerária em 1918, quando a epidemia de gripe se espalhou.

LIVRO DE REGISTROS DA FAMÍLIA DONOHUE

Nossa era comum pode contar
Quem foi uma pessoa,
Onde ele viveu, do que morreu.
Mas ficamos descuidados
& confusos, rasurados,
Riscados nas fronteiras —
É quase impossível rastrear
A tragédia & o tumulto.
Não fizemos isso.
Enterramos pessoas conhecidas.
Enterramos desconhecidos.
Uma menina.
Cuidar das pessoas
Era a atitude correta.
Tínhamos uma responsabilidade.
Rabiscado no pé da página
A "menina",
"Essa menina foi enterrada na trincheira".
Essa menina era a nossa trincheira.
Onde mais colocá-la?*

---

* Michael Donohue no livro de registros de sua família.

GOLPE EM D.C.

O
Ca
pi
tólio
podia
sentir a tensão
perceptível óbvia no ar
terrível da noite anterior o pior
que ainda estava por vir — Washing
ton mostrou o puro horror de começar
alguma coisa, e não sabíamos o que era.
Nós andávamos em silêncio — estávamos
completamente arrasados. Vivemos diver
sas emoções na construção deste país, mas
nenhuma como essa. Era quase impossível
aceitarmos que homens e mulheres tinham realmente
depredado, arrastado, perseguido, agredido & matado sob

a sombra da cúpula do Capitólio, diante das portas da Casa Branca. Esperávamos encontrar o povo em pânico; nos vimos apavorados & com medo. Embora alguns tiros tivessem sido disparados na noite, tínhamos decidido proteger & defender o país & isso nos acalmou. Mesmo assim havia uma tensão selvagem espalhando coisas terríveis — fossem como fossem, as pessoas tinham decidido ir ao seu encontro. A desesperança tinha a ver com o que havia acontecido. A causa dos motins — ficou claro que esse era o plano — era espalhar as sementes de um protesto racial por causa das ações tomadas contra as vítimas. O Capitólio investigou — não só as causas locais, mas também causas nacionais do problema. A segurança contra multidões violentas naqueles anos — a promessa de que daria origem a mais. O governo agiu quase o tempo todo como se estivesse chocado; uma palavra cheia de cicatrizes. Mais uma vez os brancos assumiram a ofensiva. Surpresa. A noite voltou inquieta, mas não deprimente, seria pior um motim protegido pela polícia. Corram, mas lutem — protejam-se. Sintam essa marca mudando a nação.*

* Do artigo "The Riots: an N.A.A.C.P. Investigation", escrito por James Weldon Johnson e publicado na revista *The Crisis*, da Associação Nacional para o Progresso de Pessoas de Cor (em inglês NAACP) em 1919.

Os Soldados (ou Plummer)

- .... . / ... --- .-.. -.. .. . .-. ...

a Musa ensinou-te, a filha de Zeus, ou Apolo:
cantas com muita elegância a sorte dos aqueus,
quanto fizeram, sofreram e aguentaram os aqueus,
como se lá tivesses estado ou de outrem escutado.

— *Odisseia*, Homero, tradução de
Christian Werner (Canto 8 v.486-499)

Roy Underwood Plummer (1896-1966) nasceu em Washington D.C. & se alistou no exército em 1917. O cabo Plummer serviu o exército na França, na Companhia C do 506º Batalhão de Engenharia, que construía estradas, fortificações & realizava outros trabalhos manuais essenciais às Forças Armadas. Por volta de 160 mil soldados afro-americanos serviram nas tropas de suprimentos e serviços na França, fornecendo recursos & mobilidade para as tropas de combatentes brancos.

Plummer manteve um diário ao longo da guerra. Sua experiência como escriturário se mostra no seu domínio da gramática (ele muitas vezes riscava as palavras ou corrigia o texto, como se soubesse que outras pessoas leriam seu relato), na caligrafia impecável e nas descrições precisas de suas experiências. O diário de Plummer está no Museu Nacional de História e Cultura

Afro-Americana e foi totalmente digitalizado e transcrito pelo Centro de Transcrição Smithsonian.

Depois da guerra, Plummer retornou a Washington D.C. & praticou a medicina na capital por mais de quarenta anos.*

* Ver legenda na página 119.

Data: 26/1/1918

Chamado pela primeira vez para o serviço de guarda.

O luar brilhava.

Chame isto de poema.

Nos ensine a sair da guerra

Como se isso fosse possível.

Data: 2/6/1918

Fizeram o anúncio: "É estritamente proibida a socialização de soldados brancos com mulheres negras ou de soldados negros com mulheres brancas dentro dos limites deste acampamento".

Brancos não gostam de se misturar.

A raça que lançou mil chicotes.

Nos assiste sangrar a noite.

30/9/1918

A epidemia de gripe espanhola tem sido feroz.
Agora temos quatro homens com isso no hospital
e dizem que sete homens morreram disso em uma
noite.

Ouvimos os homens tossindo
E depois o silêncio rígido, carregado
Quando não há mais tosse.

Meu Deus, a ironia!
Tossir até chegar ao túmulo.
A vida nos tira o ar.

Data: 3/11/1918

O alvorecer abriu as cortinas que escondiam em suas dobras um lugar que realmente parecia merecedor ~~do nome~~ da expressão "esquecido por [Deus".

Nesta vida de uma única chance,
Nada nunca foi prometido,
Nem sequer a terra.

Talvez a gente fique mais um tempo
Porque aqui não matam a gente
Com a maldade com que o fazem em casa.

Dezembro/1918

Atrito entre as raças. Embora as tropas negras não tenham armas, de acordo com todos os relatórios, elas mostraram mais coragem e prontidão que os fuzileiros navais. Parece que o problema começou em um café quando um sargento da Marinha fez algum comentário que desagradou os "meninos" negros que estavam lá, e o sargento acabou levando uma senhora surra.

Depois o sargento contou aos seus homens e incitou um motim. Ao que parece, os fuzileiros começaram a bater indiscriminadamente em todos os soldados negros ~~quem~~ que por acaso estivessem sozinhos, e os meninos negros revidaram. Um soldado negro da Companhia 506 A, que foi apunhalado com uma baioneta no meio do tumulto, morreu no hospital do acampamento cerca de meia hora depois. Foi registrado que dois ou três soldados brancos foram mortos e sabe-se que há três ou quatro camaradas brancos que estão "mal da cabeça" no hospital, nas palavras de Wilbur Halliburton. As brigas provocaram um grande tumulto.

Relatos de batalhas

Somos um protesto,
Algumas coisas em tinta brilhante nossas folhas
[negras.
Vejam-nos sangrar em cada detalhe.

Então, se devemos morrer,
Que seja como nada menos
Do que ~~somos~~ fomos.

Data: 4/1/1919

Está mais frio e venta muito. Registrei

históricos de delinquência pela manhã. Tenho

[estado muito

ocupado, na verdade, nos últimos cinco ou seis

[meses.

Há muitos rumores sobre a volta para casa desde

[que

assinaram o armistício.

Nossas vidas acabam com uma gripe —

Alguém deve se perguntar: será que

Vencemos mesmo essa guerra?

Relatos de batalhas

5/1/1919

Como uma severa repreensão, me vêm

à mente estes versinhos:

"Aceite que aquele dia se perdeu

Com a visão do sol já baixo

Suas mãos sem realizar

Nenhuma ação de valor".

Contudo este não foi um

[dia perdido, em nenhum

sentido da palavra.

Agir é juntar

A artilharia de nossas mãos.

Preparar, apontar, mais alto.

Data: 20/1/1919

Mais frio ainda. Dizem que a epidemia é a "gripe"

que está causando problemas para a Companhia A.

Um número considerável de soldados foram

[mandados para o Hospital.

Goles de nossas vidas,

Gargarejo do nosso peito cheio de tesouros,

Gargalhadas, gracejos e o fim.

A morte é uma cegueira;

Arranca os nossos olhos, e no lugar deixa

Estrelas que não retribuem o olhar.

Data: 21/1/19

Um dia bem frio; na verdade, um dos dias mais

frios que testemunhei na França.

A Companhia A foi afetada ainda mais pela

Epidemia. Está sob quarentena e um guarda da

Marinha está a postos ao lado do quartel.

Atlas também foi carregado.

Enfim, um motivo para morrer.

Infelizmente morremos rápido.

Data: 22/1/1919

Vou para o Quartel-General para trabalhar

de manhã, porque muitos funcionários

estão de quarentena.

Eles vão continuar dormindo,

Cabeças duras deitadas para sempre.

A morte não é um sonho breve.

Autógrafos de companheiros

23/1/1919

Mais de 60 homens de Companhia A estão no

Hospital do acampamento com a nova doença.

Faz frio. A Companhia D também está sob quarentena.

Tudo o que queríamos se foi.

Vivos: queremos seguir.

Tudo o que não podemos permanecer.

24/1/1919

Ainda está muito frio e a epidemia ainda se

espalha, especialmente pela Companhia A.

Nossa companhia está usando máscaras de "gripe"

[como medida preventiva.

Esse jardim de ossos marrons,

Caules fracos sepultados em fileiras.

Deus, alimentamos essa terra.

Endereços de amigos conterrâneos

26/1/1919

Até agora, há 116 homens da Companhia A

no Hospital, e reportaram que dois deles morreram

hoje no início da manhã. Um pouco de neve

hoje, não muita.

América

Nos chamem de "Tudo pelo qual morremos".

Deus sabe que é o bastante.

27/1/1919

Clima um pouco mais ameno. Nossa companhia

está sob quarentena e não temos permissão

para sair do quartel a não ser a trabalho.

Descobriram

três ou quatro homens com febre alta.

Lembrando que

O que vivemos é própria luta nobre.

A memória é uma confusão.

28/1/~~1918~~ 1919

A equipe do Quartel-General retornou, e eu

estou liberado do trabalho no QG.

Quando prestam atenção,

A memória é uma mensagem em

Nossos corpos engarrafados.

Opa, escrevi o ano errado.

Este ano está todo errado, desde o início.

O tempo luta contra nós.

29/1/1919

As máscaras da "gripe" foram descartadas,

as medidas de quarentena em vigor nesta

companhia não são muito severas.

Veio o armistício,

A batalha não acabou:

Protestos raciais deixarão nossas ruas em chamas.

Nosso prêmio pela persistência.

Bem é apenas não livre.

Nós voltamos lutando

Se voltarmos.

Essa bandeira nos chama por último.

6/5/1919

Dispensado com honras. / Comprei uma passagem

para Washington D.C., vou chegar /

lá / na manhã do dia 6.

6/6/1919

Alguns de nós decidiram ir embora,

Nós decidimos viver,

Respirando numa pele que guerreou.

A vida nos deixa sem fôlego.

Navios nos levam aos EUA.

Nossos punhos ainda acorrentados.

Baixamos nossas armas, não nosso luto.

Fazemos de nosso país um lugar mais digno pelo

[qual lutar.*

* Os trechos em prosa são entradas originais do diário de Plummer, enquanto os versos são de minha autoria. Neles, imaginei novas escritas. Ao escrever com a voz do cabo Plummer, tentei incorporar sua linguagem concisa. Os papéis pautados usados como fundo do diário neste texto são páginas em branco dos diários originais escaneadas. Em inglês, o haicai se revelou uma forma muito adequada — muitas das anotações de Plummer têm entre uma e três frases, & haicais têm três versos com um padrão silábico de cinco-sete-cinco sílabas, por isso exigem um uso econômico da linguagem.

GUERRA: O QUE TEM DE BOM?

.-- .- .-. / .-- .... .- - / .. ... / .. - / --. --- --- -..

A quanto papel higiênico
E álcool gel
Tínhamos direito?
Na batalha, tudo,
Até a esperança, é raro & racionado,
Criando competição entre companheiros,
Transformando homens em monstros.
Essa máscara é nossa medalha de honra.
Tem toda nossa guerra registrada nela.

* * *

A gripe de 1918 matou 50 milhões de pessoas (embora alguns pesquisadores estimem que podem ter sido 100 milhões), bem mais do que os mortos na Primeira Guerra Mundial. O número de mortos pela gripe estava intrinsecamente ligado ao combate. A movimentação de um grande número de tropas entre continentes contribuiu para espalhar o vírus, enquanto milhões de não combatentes perderam suas casas. A gripe foi especialmente devastadora para comunidades indígenas, que já tinham sobrevivido com dificuldade às disputas por territórios. Não importa o que nos disseram, a violência nunca é pequena.

* * *

A guerra, como uma baleia, é incontrolável:
Tudo cabe em sua boca imensa.

Como uma baleia, um vírus pode
Devorar o globo inteiro.
A bala é uma fera, como nós.
Nossas batalhas invisíveis
São as mais difíceis de vencer.

* * *

Os primeiros passos na guerra & numa pandemia são os mesmos: isolamento, interrupção dos canais de comunicação sobre o vírus/a violência.

Os britânicos foram pioneiros no corte de cabos durante a Primeira Guerra Mundial, usando o navio *CS Alert* para dragar os cabos telegráficos submarinos da Alemanha. A censura em tempos de guerra também impedia a comunicação & a circulação da verdade; o Ato de Sedição de 1918 proibiu discursos ou expressões que prejudicassem a imagem do país ou seu esforço de guerra. Com medo da punição, jornais minimizavam a ameaça do vírus, geralmente se recusando a publicar cartas de médicos que aconselhavam a população a não se reunir nem viajar. A censura e a desinformação só contribuíram para a disseminação da gripe pelo país & pelo mundo. O tiro saiu pela culatra. As [palavras também são um tipo de combate, pois sempre nos tornamos o que nos recusamos a dizer.

* * *

Depois de brigar
Com alguém que amamos

Fazemos a pergunta:
Estamos bem?
Tudo bem com a gente?
A Primeira Guerra Mundial foi chamada de "Grande Guerra",
"A Guerra para acabar com todas as guerras".
Ha-ha-ha
O que chamam de "grande"
Geralmente é grave e medonho,
Mas o que é bom merece nossas palavras.
O problema bom.
A boa luta.
A boa vontade.
O povo bom.
Ser bom é ser maior que a guerra.
É ser mais que grande.
* * *
O corpo é um caos
Caminhante de carne & osso.
Os mortos e feridos em conflitos armados,
Em inglês, são chamados "casualties", e *casual*
Aqui significa "por acaso" ou "por acidente".
Mas o sangue derramado na guerra não é mero erro.
Talvez as baixas signifiquem que a guerra
É o acidente, um erro inconfundível,
Nosso grande, imenso, terrível *ops!*
* * *

O segundo passo na guerra e na pandemia
É o mesmo: continuação,
Manter as formas restantes de conexão &
comunicação. Durante a Primeira Guerra Mundial,
funcionários do governo & voluntários no estrangeiro
eram encorajados a escrever cartas para o front
para elevar o moral nacional. O serviço postal do
exército britânico entregou cerca de 2 bilhões de cartas
durante sua atuação no conflito. Nos EUA, a Ordem Geral
nº 48 de 1917 declarava que "Soldados, marinheiros e
fuzileiros convocados para o dever no estrangeiro
têm o direito de enviar e receber cartas 'de graça'" desde
que os envelopes fossem sinalizados como Serviço Ativo.
Durante a guerra, as Forças Americanas Expedicionárias de
Camp Crane, em Allentown, Pensilvânia, informaram
que seu correio processava quase 70 mil cartas por semana.
O front doméstico é uma caneta. Escreva pra nós.
Juramos que podemos ser bons.
* * *
Escute com atenção.
Você está ouvindo?
Não existe algo como uma guerra gentil.
Não há paz
Que não possa ser jogada fora.
Nosso único inimigo é aquele
Que nos faria inimigos uns dos outros.
* * *

Correio caramujo?
Está mais para correio baleia.
É a única coisa
Com uma boca grande o bastante para falar
Quando não temos mais nada
A dizer. Tudo isso para dizer
Que escrever nossas histórias
É um serviço essencial.
É assim que vamos para a guerra.
E, acima de tudo,
É como acabamos com ela.
Ainda estamos dispostos a acreditar
Que a paz é um lugar na terra.

* * *

Um século depois da Primeira Guerra Mundial, cartões de condolências esgotaram em 2020. A maioria dos usuários dos Correios nos EUA concorda que é animador receber cartas & um em cada seis mandou mais cartas durante a pandemia. Numa pandemia tudo é escasso, menos o luto. A escrita, o ato de contar a verdade uns para os outros, é um ato de criar esperança quando mais precisamos dela. Qual lugar temos em nossas histórias a não ser o presente?

* * *

Abertura:
O buraco no olho
Pelo qual a luz viaja.
A palavra *paz* compartilha uma história

Com *pacto*. Isso quer dizer que a harmonia
É um amanhã que concordamos em viver.

Estamos mais condicionados
Ao contágio que ao combate.
Mas um vírus, assim como a guerra, nos separa
De nossos semelhantes.
          Se estivermos dispostos, o corte
          Pode ser uma abertura, o buraco
Pelo qual alcançamos a inteireza
Uns dos outros.

Um vírus é luta dentro de nós.
Enquanto a violência é luta entre nós.
Em ambos, nossa vitória não está em vencer os outros,
Mas em derrotar os mais destrutivos agentes
& instintos que carregamos
Em nossas formas mortais.
O ódio é um vírus.
Um vírus precisa de um corpo.
O que queremos dizer é:
O ódio só sobrevive em um hospedeiro humano.
Se dermos algo a ele,
Que seja nossa dor
& nunca nossa pele.
Amar talvez seja
A maior luta de nossas vidas.

O navio

A FRATERNIDADE

B Well

O navio te chama de homem. Um ponto: se abster de ir a lugares públicos.
Servir é fazer bom uso de todos os direitos civis, causas, países, das nossas formas. Ah, ordem tão cruel que tem sido anunciada em tantas.
Democracia antes da guerra.

B Well*

* Carta da Sra. Ida B. Wells-Barnett, presidenta da Negro Fellowship League, para o presidente dos EUA Woodrow Wilson em abril de 1918. Na carta, ela protesta contra o Boletim nº 35 do general Ballou para a 92ª Divisão, em Camp Funston, Kansas, que aconselhava os oficiais e soldados negros a não entrarem em locais públicos onde não eram bem-vindos por causa de sua raça. Arquivo Nacional dos EUA.

Navio

TUMBEIRO

Fig. 1

um navio tomou posse do ano passado
O ato entorpecido levado a cabo nesse
navio segue o navio & a prática do homem é o máximo que pode ser carregado
em um recipiente de homens são os homens apenas motins são mais que o resto. Os
homens carregavam 351 o número de homens declarado no plano 190. Uma diferença
de 161. Mulheres meninos meninas aqui embalavam uns aos outros. Manhã
morta. A altura entre os deques & plataformas 80 cm um lugar para
deitar & respirar fundo. Criaturas companheiras
entorpecidas acostumadas à aflição em seus países

Fig. III

Fique doente e morra. O privilégio
de ser a pequena esperança
de recuperação. O navio machucava &
rebaixava as mulheres as crianças os ho-
mens constantemente acorrentados de dois em dois, cada
par subia, dissolvido esse estado, eles sendo a mudança
obrigados a pular acorrentados & isso era chamado
pelos amigos de dança. Carregar essa carne humana vai
parecer mais ficção do que a representação verossímil
de um navio. Um homem humano
desejaria que a cicatriz fosse descrita.

Fig. VII

não é o sofrimento daqueles seres o que queremos.
O país & o cativeiro revelam sangue e lux, um
abatedouro. Está no poder da imaginação humana
representar a si mesma repleta, restaurada. Foi
comprovado que é fatal rastejar sob esse fôlego
contagioso debaixo de um determinado mar.

Fig. V

Uma quantidade bem maior de homens morre em UM ano do que em todos os outros anos.

O tempo passa

a passagem de

pessoa a um povo

mortos cativos carregados daquela

vez. A humanidade deve

ser universal &

lamentada, um

dever moral e religioso que pode, sem exagero, ser o maior que existe sobre a terra.*

É sabido que o mar é uma sepultura para os homens

---

* *Descrição de um navio negreiro*. Londres: impresso por James Phillips [para o Comitê Londrino da Sociedade em prol da Abolição do Tráfico Negreiro], 1798. Dois cartazes. Talvez essa seja uma das descrições mais famosas de um navio negreiro. Suas imagens de africanos escravizados amontoados como sardinhas enlatadas são mais conhecidas, mas a descrição narrativa que aparece abaixo delas, que é igualmente angustiante, raramente recebe a mesma atenção.

RETALHOS DE TEXTOS: OS NOMES

Descubra aquelas vidas tocadas
Ninguém mais tocaria em você, você disse
Que seus amigos tinham ficado assustados & não te abraçavam mais.
Essa palavra não existe no meu vocabulário
Não há *assustado* no nosso vocabulário
O destino surge de um medo?
Nunca saberemos.
Você sabe, não sabe?,
Mesmo quem nunca te conheceu se lembra de você.

Faremos o melhor para garantir que
Ninguém terá de viver sem amor
Saber como é ser rejeitado
Por enfermeiras & amigos, funcionário do hospital
Que se recusavam a entrar no seu quarto
& quando o fizeram estavam usando aventais
& luvas de borracha.

Por favor, recolha os cacos
Por favor, nos perdoe por nos deixar influenciar.
Fizemos isso por dois motivos:
Por todos que foram perdidos
& por todos os que perderam alguém.
Pais, avós, irmãos, irmãs,
Filhos, filhas, sobrinhas, sobrinhos, amores & amigos
Tudo isso.
Podíamos mudar as coisas
Podíamos impedir a epidemia
Podíamos salvar você
No fim, é claro, não podíamos
Falar aqueles nomes descobertos pela humanidade.

Agora não podemos conjugar amar no passado
Acima de tudo, amem — amem muito.
Como se o amor pudesse curar!
Cada dia em que aos poucos não se pode respirar.
A vida ainda vive.
Nossas memórias são vocês.
Lembrem-se desse amor
Que estava morrendo.
O corpo deformado
Respirando com dificuldade
A solidão é uma dor interminável.

Fomos impedidos de ver
Ver para viver o luto
Que tentávamos esquecer.
Ainda não podemos deixar para lá
Espere
Lembre-se bem
O melhor jeito é com poemas
Lembre-se
Estávamos começando
A dançar de verdade
Novos significados
Novas esperanças
Tínhamos abraçado essa esperança com o resto.

Esperamos & não vimos a morte.
Você vê?
Do mundo para aquilo que nos espera.*

* Este poema-documentário foi feito usando cartas de participantes do projeto Aids Memorial Quilt, uma colcha de retalhos em que cada painel costurado presta homenagem a pessoas que morreram em decorrência da doença. Exposta pela primeira vez em 1987, a colcha hoje faz parte do Memorial Nacional da Aids. Em 2021, atingiu a marca de mais de 48 mil painéis, cobrindo mais de 111 mil metros quadrados. De acordo com a UNAIDS, de 27,2 a 47,8 milhões de pessoas morreram em decorrência de doenças relacionadas à aids desde o início da pandemia do HIV.

Os pesquisados

RELATÓRIO DA MIGRAÇÃO DE ETOS

Migrantes, bem-vindos a Pan-pax.

Como vocês sabem, nosso idílico país, Pan-pax, finalmente reabriu suas fronteiras para os estrangeiros. Estamos cientes de que seu país Pandem, por outro lado, se tornou uma terra arrasada pela doença & pela morte, e seu povo é chamado de "etos" (um termo pandêmico que deriva de "gueto"). Soubemos que encontros de todos os tipos estão proibidos em Pandem, e os cidadãos reclusos nem chegam a ficar do mesmo lado da calçada, que dirá respirar o mesmo ar. A vida sociopolítica é bem diferente em Pan-pax & estamos cientes de que, por essa razão, muitos de vocês, etos, desembarcaram aqui em busca de refúgio & asilo, um caminho aberto, e assim será. Funcionários públicos de Pan-pax têm realizado uma série de entrevistas para registrar a experiência única de transição dos refugiados de Pandem que agora vivem em Pan-pax. Esperamos que esta compilação de respostas ajude vocês a se aclimatarem à nossa nação abundante. Para preservar a privacidade dos participantes, os nomes dos etos entrevistados foram substituídos pelos seus respectivos números.

Atenciosamente,

Pacto Presidencial de Pan-pax

PESQUISA

Os migrantes foram entrevistados em suas casas. A intenção era descobrir por que vieram para Pan-pax & quais realizações lhes davam a sensação de novidade.

Eis algumas das respostas coletadas:

Pergunta: O que você está fazendo em Pan-pax agora?
Respostas:
1. Observando.

Pergunta: Como você tem se sentido?
Respostas:
2. Cansado
19. Cansada.

Pergunta: Em Pandem, o que você queria?
Respostas:
10. Mudança.
20. Ir embora.

Pergunta: Não. Em Pandem, o que você mais queria?
Respostas:
5. As pessoas.

Pergunta: Você sente que tem mais liberdade & independência agora que está em Pan-pax? De que maneiras? O que você pode fazer agora que não podia fazer antes?

Respostas:

1. Sim.
2. Sim.
3. Ir a lugares de entretenimento & aproveitar a vida.
5. Sim. Ir a qualquer lugar que me der vontade; não ter que ficar atento o tempo todo, sair na rua.
6. Sim. Só sentir uma sensação de fraternidade.
8. Sim. Posso ir aonde eu quiser. Em Pandem, eu ficava preso & não recebia tratamento.
9. Sim. O privilégio de me misturar com as pessoas; posso frequentar os parques & locais de lazer.
11. Sim. Se você fosse a uma sorveteria e pedisse qualquer coisa, tinha que comer do lado de fora. Andar na calçada sem ter que dar passagem às pessoas.
12. Sim. me sinto livre, não tenho medo.
16. Sim. Eu me sinto mais homem. Em Pandem, de certa forma, era como na escravidão. Aqui eu não tenho que atravessar a rua e ceder a calçada para os outros como em Pandem.
17. Não há restrições para ir a shows, escolas etc.
20. Não tinham consideração por mim em Pandem; as pessoas não tinham nenhuma liberdade em Pandem.

Pergunta: Quais foram suas primeiras impressões quando Pan-pax abriu as fronteiras & você chegou?

Respostas:

1. A sensação de poder fazer as coisas.
3. Cheio de vida, fui olhar a paisagem todas as noites durante um mês.
4. Pensei que era um lugar incrível, mas descobri que não era. Só estou vivendo num buraco. Queria voltar pra casa.
5. Quando saí na rua & vi as pessoas lado a lado, prendi o fôlego por um instante, pois pensei que a qualquer momento elas iam fazer um movimento brusco, mas depois percebi que ninguém se importava & pensei que esse era um lugar de verdade para as pessoas. Na verdade, não, nunca vou trabalhar para ninguém, só por conta própria.
6. Me perdi, uma amiga ficou de me encontrar, mas não veio & eu estava com medo   aonde ir   muito barulho   corri & fui descansar.
8. Sempre gostei de Pan-pax, gostava até do nome antes de vir para cá.
13. Pensei que era um bom lugar para as pessoas viverem.
15. Não gostei; achei um lugar solitário, até que saí. Aí gostei dos lugares que não tinham restrições.
16. Gosto ainda mais agora.
17. Acho que vou gostar mais no futuro.

Pergunta: Em quais aspectos a vida em Pandem era mais difícil ou mais fácil do que em Pan-pax?

Respostas:

4. É mais fácil, a vida significa mais para vocês.
7. Ganho dinheiro, mas gasto tudo para viver.
8. Acho mais fácil viver aqui porque sou obrigado.

10. O esforço não é tão grande.
11. Aqui é mais difícil do que em Pandem.
13. Aqui se trabalha mais, e o trabalho é duro. Necessidades da vida.
14. Jornadas de trabalho mais curtas.
15. Prefiro estar aqui a estar em Pandem. O expediente é menor.
17. É mais fácil viver em Pan-pax.
20. Minha família inteira acha que a vida é bem mais fácil em Pan-pax do que em qualquer outro lugar.

Pergunta: Do que você gosta em Pan-pax?
Respostas:
1. Da liberdade... mas nem sempre é seguro.
4. Da liberdade concedida em todas as formas.
7. Trabalho, posso trabalhar em qualquer lugar.
8. As escolas para as crianças.
9. A oportunidade que as pessoas têm de viver.
10. A cordialidade das pessoas, a saúde é melhor.
13. O direito à vida.
14. A capacidade de viver em paz, sem restrições.
18. As pessoas se divertem & vão a outros lugares além de suas casas.
19. A infraestrutura da educação & das indústrias.
20. Ainda não encontrei nada que me fizesse gostar mais do que antes.

Pergunta: Quais dificuldades você acha que uma pessoa de Pandem encontra ao vir para Pan-pax?
Respostas:
3. Se acostumar com a vida; não desperdiçar a vida.

4. Proximidade.
5. É muita gente.
6. Se acostumar com as pessoas.
7. Se acostumar com o jeito das pessoas.
9. Não sei de nenhuma dificuldade que uma pessoa de Pandem encontre ao vir para Pan-pax.
10. As pessoas que provavelmente vai conhecer.
12. A adaptação ao trabalho.
13. Mudanças climáticas.
14. Mudanças climáticas, muito populoso, falta de espaço.
16. Saber aonde vai parar.
18. Se souber o perigo que é estar no meio do povo.
20. Se as pessoas se conhecem, venham com intenções.

Pergunta: Seu tempo livre em Pan-pax é diferente de como era em Pandem? Por quê?

Respostas:

1. Aqui eu compro roupas novas. Você pode experimentar as peças nas lojas.
2. Posso ir a quase qualquer lugar.
3. Eu vivo mais, sinto mais.
4. Sim, minha esposa pode experimentar um chapéu & se não gostar ela não precisa levar; vou a qualquer lugar que eu queira.
5. Não tenho medo de entrar em carros & me sento onde quiser.
6. Aqui há muitos lugares aonde ir, mas lá em Pandem você trabalha, trabalha, trabalha & economiza & não tem nenhum lugar onde possa gastar.
7. Não saio muito, mas gosto de saber que há aonde ir quando eu quiser sair.

9. Em Pandem eu não ia aos poucos lugares que permitiam a nossa presença. Aqui os etos podem ter vontades.
11. Tenho mais conforto em casa do que poderia ter na minha terra natal.
17. Sim, mais lugares para ir, parques e playgrounds para as crianças.
19. Sem comentários.

Pergunta: Você aconselha seus amigos a se mudarem para Pan-pax?
Respostas:
1. Sim. As pessoas não acreditam nas coisas que escrevemos, eu também não acreditava até chegar aqui.
2. Não. Não vou encorajá-los a vir, porque pode ser que eles não consigam chegar aqui.
6. Sim. Tenho duas irmãs, estou tentando trazê-las para cá. Elas não entendem por que digo isso, mas elas vão ver se vierem.
7. As pessoas não percebem como algumas coisas eram horríveis no lugar de onde viemos; o povo aqui não tem medo de respirar.
8. Quero que meus amigos e meu marido venham; também tenho parentes que querem ver como ela é antes de dar tudo errado. Meu filho caçula implora que a mãe nunca pense em voltar.

Só encontramos alguns migrantes que vieram por vontade própria. Poucos expressaram vontade de retornar.

As respostas utilizadas nesse poema foram retiradas do relatório *The Negro in Chicago*, publicado em 1922. Esse documento é uma pesquisa sociológica minuciosa conduzida pela Comissão de Relações Raciais de Chicago para entender as causas & efeitos dos protestos raciais devastadores de 1919, um dos pontos de inflexão da violência durante o que ficou conhecido como "Verão Vermelho". Os conflitos de Chicago deixaram vinte e três afro-americanos & quinze brancos mortos, mais de quinhentos feridos & pelo menos mil desabrigados. Para complementar o estudo, a Comissão entrevistou afro-americanos que tinham saído do Sul e vindo para Chicago por causa das leis Jim Crow. O poema anterior, a partir de "Pesquisa", reelabora o texto do relatório. Foram usadas partes das respostas dos migrantes, com trechos & apagamentos para criar um novo poema. As palavras *Norte* e *Chicago* presentes no relatório foram substituídas por *Pan-pax*. As expressões *no Sul* ou *de onde vim* foram trocadas por *Pandem*. Os números dos entrevistados correspondem à numeração dada no documento original. Algumas perguntas também foram parcialmente preservadas (por exemplo: "Você sente que tem mais liberdade & independência agora que está em Chicago? De que maneiras?" virou "Você sente que tem mais liberdade & independência agora que está em Pan-pax? De que maneiras?").

Pan-pax é a união do prefixo grego *pan*, que significa *tudo*, & da palavra latina *pax*, que significa *paz*.

Esse poema & suas dores são ao mesmo tempo reais & imaginadas, assim como nós. Isso quer dizer que, por meio de algumas ficções, achamos os fatos; em algumas fantasias encontramos a nós mesmos

& muito mais. Mesmo sem termos vivenciado uma situação, a memória pode viver em nós. O passado nunca desaparece, apenas ainda não foi descoberto.

O luto, como um vidro, pode ser um espelho & uma janela, permitindo que nós olhemos para nós mesmos & para fora, & o antes & o agora. Em outras palavras, nós nos tornamos uma janela da dor. Somente em algum lugar da perda encontramos a graça para olhar para cima & para além de quem somos.

_ _ _ _ _ [GADOS]

Ah, estamos tão tristes
Que provavelmente pensamos
Que aquele poema era sobre a gente
& não sobre os outros. Agora vemos
Que era para ambos — para todos nós
Que foram transformados em outros.
Onde estamos não é menos
Do que de onde viemos.
Ser assombrado é ser caçado
Por uma história que ainda dói,
Precisando de cura tanto quanto nós.

& assim, de repente, por meio da poesia,
Nós nos lembramos do que não era nosso,
Tornamos o passado igual à nossa dor.
Talvez esse seja o único jeito de aprender.
* * *
Passamos gerações em quarentena,
Exilados dos lugares uns dos outros,
A vida trancada do lado de fora.

Chame-nos
Cortados,
Catequizados,

Colonizados,
Categorizados,
Cerceados,
Controlados,
Cadáveres,
Conquistados,
Capturados na costa,
Cativos,
Contidos,
Concentrados,
Condicionados,
Cercados.

Nunca esqueçam que a solidão
Sempre foi um custo para alguns
& um privilégio para outros.

Nós cedemos
Séculos de calçadas,
Treinados nessa tradição
Antes mesmo de a termos vivido —
O que é baixar a cabeça
& dar espaço ao orgulho dos outros.
Ceder a calçada
Era a concessão ao mundo
A mais um antigo rito de passagem da branquitude.
* * *

Nós sempre fazemos perguntas aos que vieram antes.
Ser estudado, então, é ter sobrevivido.

Pergunta: Por que a galinha atravessou a rua?
Resposta: Porque uma pessoa branca vinha na direção dela.
* * *
A forma como nos mexemos diz tudo
Sobre o que somos um para o outro.
No ano passado entramos em um elevador.
Perguntamos educadamente à senhora branca atrás de nós
Se ela poderia pegar o próximo
Para manter o distanciamento social.
Seu rosto se acendeu como uma cruz em chamas na noite.
Você está de brincadeira?, ela gritou,
Como se tivéssemos declarado
Elevadores só para nós
Ou *Você deve entrar pelos fundos*
Ou *Proibida a entrada de vocês e de cães*
Ou *Nós temos o direito de recusar*
a Humanidade de quem é diferente.
De repente, ficou claro:

Por que é tão perturbador para grupos privilegiados respeitar
restrições de lugares & individualidade.
Fazer isso significa usar as correntes que seu poder
usou para acorrentar o resto de nós.

É abrir mão da única diferença que os manteve
separados & portanto superiores.

Enquanto isso, por gerações nós ficamos em casa, [segre]
gados, fora dos parques, fora dos playgrounds, fora das piscinas,
fora dos espaços públicos, fora dos espaços ao ar livre,
fora do espaço sideral, fora dos cinemas, fora dos shoppings,
fora dos banheiros, fora dos restaurantes, fora dos táxis, fora
dos ônibus, fora das praias, fora das urnas eleitorais,
fora dos escritórios, fora do exército, fora dos hospitais, fora dos
[hotéis,
fora das danceterias, fora dos empregos, fora das escolas, fora
dos esportes, fora das ruas, sem água, sem terra, mantidos fora
do que nos mantinha dentro, mantidos nos limites, mantidos
atrás, mantidos embaixo, mantidos sem vida.

Pediram que alguns lidassem com uma fração / da nossa exclusão
durante um ano & isso quase destruiu tudo o que pensavam ser.
Mas nós ainda estamos aqui. Ainda caminhando, ainda contidos.

Ficar nos limites da existência é a herança dos
marginalizados.

O não-ser, isto é, o distanciamento da sociedade — a segregação
[social —
é a própria herança do oprimido. Ou seja, para o opressor, o
[isolamento social

\é uma humilhação. É ser menos que livre, ou pior, alguém
[menos-que-o-branco.

Para que Karen carrega seu poder mínimo, moribundo &
medíocre? Perigoso & portátil
como uma arma na ponta da língua?

Essencialmente, o supremacismo significa fazer qualquer coisa
para manter o próprio conceito,
mesmo que o resultado seja perder a alma.
Significa não usar uma máscara que poderia te salvar, pois
isso implicaria em tirar o próprio privilégio.
Significa, sempre, escolher o
Orgulho venenoso em vez da
Preservação,

O orgulho em vez da
Nação,

O orgulho acima de
Qualquer pessoa ou qualquer coisa.

Essa conclusão não é nossa.
É, sim.
A arte, quando é de verdade,
É tanto um método quanto uma descoberta,
Uma resposta à investigação.

É o que se descobre
& a maneira como se chega à descoberta.

Qualquer pessoa que tenha vivido
É uma historiadora & um artefato,
Pois guarda todo o seu tempo dentro de si.
A reconciliação está nesse registro que fazemos.

Se nos lembrarmos de qualquer coisa,
Deixe que a lembrança venha.
Uma estrada pela qual
Podemos seguir adiante
Se continuarmos
Caminhando.*

---

* Até hoje, motoristas têm sete vezes mais chances de dar uma freada brusca em cima da faixa de pedestres para pedestres afro-americanos do que para brancos. Ver Courtney Coughenour *et al.*
Caminhar, como pedestre, envolve "processos colaborativos pelos quais os usuários do espaço público passam a confiar uns nos outros". Ver Nicholas H. Wolfinger.
Ceder calçadas & por consequência poder no espaço público não é uma questão "negra" ou "histórica", mas a pedra fundamental do status contemporâneo de interações nos espaços compartilhados. Pesquisas revelam que pedestres afro-americanos e latinxs tendem a dar espaço aos brancos. Mulheres muitas vezes dão espaço aos homens & mulheres de pele escura dão espaço a mulheres negras de pele mais clara. Ver Natassia Mattoon *et al.*

DESLOCAMENTO

A.

Chegamos tão longe,
Dizemos,
Mas ainda há muito pela frente.
Na física, nos ensinam que
O deslocamento & a distância são diferentes.
O deslocamento é apenas o espaço entre
O ponto de partida de um objeto e o ponto de chegada.

A ______________________________ B

Mas a distância é o comprimento total
Do trajeto percorrido pelo objeto:

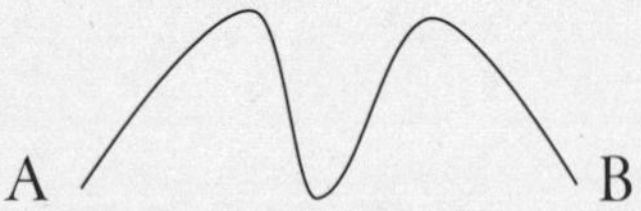

Até onde Sísifo empurra aquela pedra
Subindo aquele morro sombrio,
E o percurso da pedra caindo de novo.
Um poema & como ele corre
Pelo corpo antes de nos transformar
Em algo um pouco maior do que éramos.
Em outras palavras, a subida & a queda importam,

Juntas, sem exclusão,
A expansão, não o apagamento.
É só assim que podemos entender
Como a distância de nossa pior versão
É medida em séculos, mas mesmo assim
Ainda não nos deslocamos.
Sim.
Nos movemos mais do que avançamos.
* * *
Uma parte de nós ainda é farpada
& bárbara, um aramado complexo de ganância.
Há também esse elemento que é
Guiado pelo bem,
Assim como o sangue
É bombeado em nossas veias.
Diz a lenda
Que há dois lobos dentro de nós:
Uma metade a ser combatida
& outra a ser alimentada.
Uma que deve sucumbir
& outra que nunca pode falhar.

B.
Naquele verão miserável
Fomos descontrolados como cães,
Mas se perturbar é se comover,
Avançar em direção ao progresso.

Nossa revolta é a medida
Da distância, uma aversão ao que havia.
É entender que nunca devemos voltar.
A história é fraturada & fractal.
Mesmo quando sucumbimos,
Não nos rendemos.
Podemos cair.
Podemos levantar,
Distantes, mas sem nos deslocar,
Viajando além do que somos capazes de mudar.

O mais importante é que
Encontramos uns aos outros
No espaço iluminado entre uma coisa  e
[outra.

FÚRIA & FÉ

AMÉRICA®

Uma casa dividida não fica em pé. Ser dividida, então, é ser devastada.
A questão é que nosso país raramente conta todos que importam. Por isso o
Vermelho escorre da nossa bandeira. Vamos repetir: a linguagem importa.
Desde o início, os colonizados são adjetivos compostos: afro-americanos,
Americano-asiáticos, nativos americanos (pelo visto não existem americanos
Brancos). Americano & adjetivo. Americano & apagamento. O termo é dividido (l) e desmontado,
Despido, listrado. Isso exige uma vida de ensaio. Será que você sabe o que é ser um corpo dispensável? Agora
Reconhecemos as lágrimas que cada bandeira foi um dia. O jeito como viramos a cabeça, como se
Acordássemos de um sonho — ou pesadelo. Você escolhe. ***Esta não é a nação que construímos, no***
Máximo é a que conhecemos. Conhecemos. Menos. É a nação que costuramos. É nosso direito chorar
Pela dor que sempre fomos. Um choque súbito e silencioso: uma mão agarrada à outra ou uma
Cabeça encostada num ombro valem muito mais do que qualquer coisa que tenhamos ganhado ou
Desejado. Quando nos disserem que não podemos fazer a diferença, ainda assim faremos barulho.

FÚRIA & FÉ

Dirão a você que isso não é um problema.
Não é problema *seu*.
Dirão a você que agora não é a hora
De a mudança começar,
Dirão que não podemos vencer.

Mas o objetivo do protesto não é ganhar:
É se recusar a abandonar a promessa de liberdade,
Mesmo quando a vitória rápida não foi prometida.

Quer dizer que não podemos enfrentar a polícia
Se não pararmos de policiar nossa imaginação,
Convencendo nossas comunidades de que não vai funcionar,
Quando o trabalho ainda nem começou,
De que isso pode ficar para depois,
Quando nós já esperamos mais de mil sóis.
A essa altura, compreendemos
Que a supremacia branca
& o desespero que ela demanda
São tão destrutivos quanto qualquer doença.

Então, quando disserem que sua raiva é reacionária,
Lembre que a raiva é nosso direito.
Ela nos ensina que chegou a hora de lutar.

Diante da injustiça,
A raiva não é só natural, mas necessária,
Pois nos ajuda a alcançar nosso destino.

Nosso objetivo nunca é vingança, é só reparação.
Não é dominação, é só dignidade.
Não é medo, é só liberdade.
Justamente a justiça.

Se vamos ter sucesso ninguém sabe,
Por todas as possibilidades que estão presentes,
Por toda a mudança que é possível.

&, embora não possam nos parar,
Se ainda sentimos que podemos fracassar,
Se estamos frágeis & cansados,
Quando a fúria já não pode abastecer nosso fogo,
Sempre seremos fortalecidos por essa fé,
Presente no hino, o compromisso:

Vidas negras importam,
Aconteça o que acontecer.
Vidas negras valem a pena,
Valem a defesa,
Valem toda a luta.
Devemos isso aos que caíram lutando,

Mas devemos a nós mesmos não ficar de joelhos
Quando o presente nos convoca a ficar de pé.

Juntos, almejamos um país liberto, não sem lei.
Criamos um futuro livre, não perfeito.
Outra vez, várias vezes,
Subiremos cada montanha a passos largos,
Magnânimos & modestos.
Seremos protegidos & auxiliados
Por uma força que é honrada & honesta.
Isso é mais que um protesto.
É uma promessa.

ROSAS

Revoltas são vermelhas
Violências são azuis
Estamos cansados de morrer
E você?

A VERDADE EM UMA NAÇÃO

Aquela roupa chamativa verde fluorescente —
A bicicleta com a qual ele andava tranquilamente um segundo
[antes,
Foi parada de re   pe   n   te

Como um DJ com a mão na picape,
O caçador deixou nele uma marca.
Marca o mundo & marca-o como posse.
Embora não tivéssemos nada a esconder,
Fingimos inocência para ele,
Uma exibição completa como um prato num bufê.
Aqui. Um banquete para os seus olhos.
Olhe.
Olhe.
Não, sério.
Apesar da lanterna na nossa cara,
Nós viemos em paz,
Ele já estava em guerra.
Afinal não estamos todos,
Sempre?

Piscamos, petrificados,
Um cervo diante do rifle.
Ele não reconheceu
Quem éramos,
Quem era ela?
Uma garota que tenta voltar para casa a pé
& viver para contar a história.
Naquele momento, queríamos desesperadamente
Ofegar

Gritar

Sobreviver.

Temos lutado muito para ser.
Nada —
Nada mesmo —
Pode te proteger.
O silêncio menos ainda.
Fale com essa vida imensa,
Pois nunca temos certeza
De que vamos respirar de novo.

* * *

O orgulho indiferente de uma nação pode matar,
Nos asfixiar no mesmo ponto em que criamos a sombra.
Isso também é chamado Chauvin[ismo].

Essa dor patrulha seguindo um padrão.
É praticada, esfriada, codificada, familiar & des-conhecida.
Será que iríamos querer paz
Se soubéssemos o que é isso?

* * *

Nossa guerra tinha mudado.
Quem disse que nunca morremos
Num sonho obviamente
Nunca foi Negro.
Às vezes o crepúsculo inteiro nos derruba.

Às vezes no meio
Da noite dizemos nosso nome
Várias & várias & várias vezes
Até que perca todo o significado,
Até que as sílabas sejam só
Mais uma coisa morta.
Isso é uma espécie de ensaio.

Nos mantemos de pé,
Nem que seja para insistir
Que ainda
Existimos.
Encapuzados por um pesadelo
Nós nos ressuscitamos.
* * *
A união dos que não desejavam ser mártires.
A morte não é um equalizador,
A morte não iguala nada,
Faz de uma vida um zero.
Esse é o mecanismo deste país.

Conforme o habitual retomou as ruas,
A violência voltou a se espalhar,
Normal em sua anormalidade,
Totalmente explícita.
& então estávamos em des-tremor,
Nossos ombros não lembravam mais
Como se mexer
Depois de ver nossos corpos

Destruídos.
Descansem em Paz.
Devastados pela Pandemia.
Descartados sem Piedade.
Desconsiderados como Pessoas.
Parecem vivos, todos eles.
* * *
Fazer uma pergunta
É levantar sua mão
& se preparar para o fim.
A resposta é um ataque,
Pode te matar.
Posso te falar uma coisa?, perguntamos.
Pow!, dispara a resposta.

Ah, aqueles que amamos estão cercados.
Apesar de rezarmos com tanto fervor,
Qualquer um se torna presa
          Quando não dá
Meia-volta & corre.
Hoje em dia, viver
É uma arte rara.

* * *

Fomos trazidos para cá
& tudo que ganhamos foi uma camiseta vagabunda,
Essa dor gratuita, inerte.
Sinta o gosto de nossa raiva cansada, intacta.
Nada do que testemunhamos
Ao longo dessa vida nos surpreende.

A incredulidade é um luxo
Que nunca nos pertenceu,
Uma pausa que nunca existiu.
Quantas vezes nós ofegamos
De pavor a noite inteira?
A verdade é um país na mira das armas.

* * *

Esta república é sombria desde sua criação.
Um país de armas & germes &
De terras & vidas roubadas.
Ah, diga que podemos ver
A poça de sangue sob nossos pés,
Reluzindo embaixo de nós
Como uma estrela manchada de sangue.
O que poderíamos ter sido se tivéssemos tentado.

O que poderíamos nos tornar, se ao menos ouvíssemos.
* * *
Cicatrizes & listras.
Escolas mortas de medo,
Escolas que são locais de morte.
A verdade é a educação embaixo da mesa,
Se escondendo das balas.
Logo vem a queda brusca
Quando devemos
Perguntar onde nossos filhos
Vão viver
& como,
            & se.

Quem mais deixaremos perecer.
* * *
Mais uma vez, a linguagem importa.
As crianças foram ensinadas —
América: sem ela, a democracia fracassa.
Mas a verdade é que
Sem a democracia, a América fracassa.

Pensamos que nosso país poderia queimar.
Pensamos que nosso país poderia aprender.

América,
Como cantar
Nosso nome?
Singular,
Singelo,
Sujo.

Cinzas são alcalinas, ou seja, básicas.
Uma grande verdade.
Talvez queimar seja a purificação
Mais básica que existe.
O tempo disse: *Você deve se transformar para sobreviver.*
Nós dissemos: *Nem por cima do meu cadáver.*
Do que podemos chamar um país que
Se destrói só porque pode?
Uma nação que prefere arder em chamas
A mudar?
Só sabemos chamar isso de
Terra natal.
* * *
Há mais do que um tom de assombração.
Queremos acreditar que
Aquilo de que cuidamos pode durar.

Queremos acreditar.
A verdade é que somos uma nação cheia de fantasmas.
A verdade é que somos uma nação imersa em trapaça.
Responda honestamente:
Algum dia seremos quem dizemos ser?
* * *
O mundo ainda nos apavora.
Nos dizem para escrever sobre aquilo que conhecemos.
Nós escrevemos sobre aquilo que tememos.
Só aí o amor se torna
Maior que o medo.

A cada segundo, o que sentimos
Pelo nosso povo & nosso planeta
Quase nos deixa de joelhos,
Uma compaixão tão imensa
Que quase nos destrói.
Não há amor neste ou por este mundo
Que não seja ao mesmo tempo luminoso & insuportável,
Algo que não se pode carregar.
* * *
Construímos este lugar,
Sabendo o que ele poderia virar,

Sabendo que ele poderia não durar,
Sabendo que ele poderia perder.

Nosso povo,
Nós o aceitamos para tê-lo & repreendê-lo,
Para amá-lo & para mudá-lo,
Na saúde & na doença,
Até que a respiração nos separe.
Como declaramos vocês
Terra & Luta?
Nossas mãos não podem
Desistir do que começaram.
* * *
Nosso país parece jovem
& claudicante, mas deslumbrante,
Como um leão aprendendo a andar.
Uma nação que tropeça.

O que não fizemos com delicadeza,
Ao menos nos deixem fazer decente & deliberadamente,
Pois ainda há um compromisso aqui,
Algo que prometemos a todos.
* * *

Há dias em que só
Acreditamos
Na própria crença. Mas
Isso é o suficiente para seguirmos em frente.

Acreditamos que podemos transformar
Sem guerra ou receio.
Somos teimosos, não estúpidos.
Estratégicos, como um general que vê
Que talvez não vença essa batalha.
Somos otimistas, não porque temos esperança,
Mas porque só através do otimismo a esperança
Se torna possível.
***
O luto depende do amor.
Tudo o que mais amamos vai nos deixar.
Mas o que mudamos pode durar,
Preservado & escolhido.

Imaginamos nós mesmos
& tudo o que faremos uns dos outros:
Nossos rostos úmidos e cintilantes
Como uma ferida aberta,

Atordoados pelo brilho
De nossos eus enfim renovados.
A verdade é um só mundo maravilhado,
Dolorido, revelado.
Que essa prece,
Esse povo,
Essa paz,
Essa promessa,
Sejam nossos
Sejam bons
& radiantes
& reais.

LIBAÇÕES

A partir de Layli Long Soldier

Hoje
enquanto nós
ouvimos falamos sobre
o passado a dor a pandemia
nós gritamos nós seguimos nós somos nos mexemos
lembrando renomeando resistindo reparando despertando
nosso mundo nosso mundo nosso mundo nosso mundo
como assombrações como cascas como humanos
afrouxando iluminando
nossa boca
lar

RESOLUÇÃO

O MILAGRE DA MANHÃ

Pensamos que acordaríamos em um mundo enlutado.
Nuvens pesadas se acumulando, a sociedade atormentada.
Mas há algo diferente nesta manhã gloriosa.
Algo mágico na luz do sol, vasta & morna.

Vemos um pai passeando com seu bebê.
Do outro lado da rua, uma menina alegre corre atrás de um cão.
Uma avó numa varanda reza o seu rosário.
Ela ri para o jovem vizinho que traz suas compras.

Embora possamos nos sentir pequenos, separados e solitários,
Nosso povo nunca esteve tão próximo, tão unido.
A pergunta não é *se* podemos sobreviver ao desconhecido,
Mas *como* vamos passar por isso juntos.

Então, nesse luto tão importante, sentimos & reconciliamos.
Como a luz, somos inquebráveis, mesmo quando nos curvamos.

Juntos, vamos derrotar o desespero & a doença.
Apoiamos os profissionais de saúde & trabalhadores essenciais;
As famílias, bibliotecas, garçons, escolas, artistas;
Pequenos negócios, restaurantes e hospitais foram mais afetados.

Não acendemos a chama na luz, mas na falta dela,
Pois é nessa perda que aprendemos a amar de verdade.
Nesse caos, descobriremos a clareza.
No sofrimento, devemos encontrar a solidariedade.

Pois nosso luto nos dá a gratidão,
Nos ensina a encontrar a esperança, se algum dia a perdemos.
E assim garantir que essa dor não foi em vão:
Não ignore a dor. Dê um propósito a ela. Use-a.

Leia livros infantis, dance ao som de uma música.
Saiba que essa distância torna nossos corações mais carinhosos.
Dessa sucessão de desgraças nosso mundo emerge mais forte.

Vamos observar como os fardos que a humanidade carregou
Também são os momentos que tornam os humanos mais gentis;
Que cada manhã nos encontre mais corajosos, mais próximos;
Prestando atenção à luz antes que a luta termine.
Quando isso acabar, vamos sorrir com alegria, vendo enfim
Que nos tempos desafiadores nos tornamos seres melhores.

AUGÚRIO
ou OS PÁSSAROS

Na Roma antiga, augures eram os adivinhos oficiais,
Seus olhos penetrantes interpretavam
Profecias & as manchas formadas
Pelos bandos de pássaros no céu.
O trabalho deles não era prever o futuro,
Mas determinar se seus deuses com novos nomes
Aprovavam uma ação antes mesmo do começo.

O único jeito de prever corretamente
O futuro é abrir caminho para ele,
É encará-lo de frente.
A fratura é onde começamos.
A ruptura não pode ser esquecida.
Isso quer dizer que
Aqui é onde abraçamos nossa dor.
Inauguramos nossos sonhos na ferida.
Consagramos o corte.
Sob uma sutura solar
Sentimos a agitação em nós,
Lentamente, docemente,
Como se pela primeira vez.
Isso quase nos destruiu.
Sim, de fato.
O rasgo nos faz começar.

A PRÁTICA FAZ O POVO

Fazer planos,
Quando isso acabar,
O *Nós não vemos a hora*.
Nossos dedos batem de leve
No futuro, fazendo barulho e querendo
Saber o que tem embaixo da casca.
Mas o amanhã não está revelado,
e sim exposto, refinado. Forjado.
Lembre-se que não se luta contra
O destino. Luta-se por ele. Várias
& várias vezes.
* * *
Talvez não exista sabedoria nova,
Só velhas tristezas.
Novas palavras para nomeá-las
& o desejo de agir.
Vimos a vida vacilar e voltar entre fins & começos
Como um ser recém-nascido aprendendo a andar.
O ar pesado & transformado.
Nós, pesarosos & transformados.
Uma eternidade musculosa
Para aquela agulha perfurar nosso braço.
Até que enfim: uma dor pela qual pedimos.
Sim, nos comover com o que podemos nos tornar
É suficiente.

ANÔNIMOS

Tropeçamos, doentes de vergonha, procurando uns aos
outros naquela multidão negra. Passamos meses sem boca.
Talvez estivéssemos sorrindo. Talvez estivéssemos fazendo careta.
Talvez fôssemos espelhos. & por isso devemos perguntar:
Quem éramos por trás da máscara?
Quem somos agora sem ela?

ESCREVEMOS

Nossas mãos se estendem em direção a alguma
Felicidade turva & remota
& nos abrimos para algo frágil
E inofensivo, ainda que muito breve:
Para tocar,
Para conhecer
Para ser humano
Novamente; maravilhas inespecíficas
A serem revisitadas.
Enfim todos enalteceram & ninguém subestimou
Todas essas bênçãos indizíveis que perdemos:
Os abraços, a esperança, o coração.
Uma frota inteira de palavras
Será necessária para retornar.
* * *
Então o ímpeto sobe à garganta:
Não há mais vingança,
Vamos nos vangloriar, não importa
O quanto sangraram em nossos dedos.
A mudança é feita de escolhas,
& escolhas são feitas pelo caráter.
Agarrar-se a qualquer coisa que nos faça começar,
Mesmo que seja algo disforme feito espuma.
Seguimos na esperança

Sem motivo nenhum,
Por todos os motivos que compartilhamos.

É o luto, mas também é a lógica,
Que aparece quando gritamos:
Que os que descansam em paz nunca nos deixem,
Mas nos levem adiante.
Nós sobrevivemos.
& isso foi mais do que pedimos.
Também devemos seguir uivando com entusiasmo.
* * *
Escrevemos
Porque talvez você escute.
Escrevemos porque
Estamos perdidos
& solitários
& você, como nós,
Está observando
& aprendendo.

MONOMITO

Um filme não é o que aconteceu; um filme é uma impressão do que aconteceu.

– Dustin Lance Black

CENA 1: O MUNDO CONHECIDO

A parte da narrativa em que vemos nossos heróis como eles veem o mundo. Nós entendemos o "normal" de acordo com o que acreditamos quando uma história começa.

Dezembro de 2019: Uma nova doença similar a uma pneumonia é identificada em Wuhan, na China (&, embora não soubéssemos disso, um paciente tratado na França no final de dezembro também tem coronavírus).

18 de dezembro: A Austrália vive o dia mais quente já registrado, e depois a primavera mais seca.

CENA 2: O CHAMADO

Nossos heróis são convocados para uma tarefa que se curva para além do horizonte. *Eles vão acompanhar?* o público se pergunta enquanto mastiga pipoca. Só você pode responder.

Janeiro de 2020: A temporada de incêndios apocalípticos na Austrália vira notícia internacional. Ao longo da crise, estima-se que 186 mil km² tenham sido queimados, 33 pessoas tenham morrido e 3049 casas tenham sido destruídas. O World Wildlife Fund estima que mais de um bilhão de animais tenham morrido no mês de janeiro. As queimadas na Floresta Amazônica e o desmatamento em todo o mundo continuam. Em 2020, cerca de 10900 km^2 de florestas — mais de 2 milhões de campos de futebol americano — serão derrubados.

30 de janeiro: A Organização Mundial da Saúde (OMS) declara estado de emergência de saúde global.

CENA 3: A RECUSA DO CHAMADO

Nossos heróis rejeitam a convocação. Eles são indolentes, estão intimidados ou ambas as alternativas. Eles ainda não são aquilo que a história exige que se tornem.

7 de fevereiro: O dr. Li Wenliang, um médico chinês que tentou alertar o público precocemente sobre a covid-19, morre depois de contrair o vírus. No início de janeiro, as autoridades o obrigaram a assinar uma declaração afirmando que suas preocupações eram infundadas. Use o flashback tanto para antecipar elementos do enredo quanto para causar um efeito de ironia dramática.

CENA 4: O MENTOR

Um professor cheio de conhecimentos profundos aparece. Ele leva os nossos heróis a aprenderem o que nunca souberam, sem jamais questionar.

O dr. Anthony Stephen Fauci, conselheiro médico-chefe da presidência dos EUA, entra em cena.

CENA 5: CRUZANDO O PORTAL

Nossos heróis adentram um novo reino, a floresta dos ventos, um caminho perigoso. Não há como voltar atrás, pois isso significaria dar as costas a si mesmos.

As águas de março: O navio de cruzeiro *Grand Princess* é detido no mar. Na Itália, as pessoas cantam em suas varandas. Aqui, a música da trilha sonora aumenta, suave e interminável. Em 11 de março, a OMS declara a pandemia da covid-19. Em 13 de março, a socorrista Breonna Taylor, 26 anos, é assassinada por policiais durante uma operação malsucedida em sua casa, em Louisville, Kentucky. Ela não era o alvo da operação, e a pessoa procurada não estava lá. Os policiais dispararam trinta e dois tiros no total. Demoramos um tempo para saber o nome de Breonna Taylor & um pouco mais para conseguir dizê-lo.

Fronteiras são fechadas, e o distanciamento social, a quarentena e o lockdown são decretados em todo o país. Por volta de 26 de março, os EUA tinham mais infecções registradas do que qualquer outro país, matando desproporcionalmente mais pessoas de cor, trabalhadores & pessoas encarceradas. Em 2 de abril havia mais de 1 milhão de casos confirmados em 171 países. Quase 10 milhões de estadunidenses perdem seus empregos. Mostre cenas de pessoas disputando papel higiênico no mercado enquanto as crianças em casa não têm o que comer.

CENA 6: A ESTRADA DOS DESAFIOS

Obstáculos se revelam a cada passo, brotando como ervas daninhas. As opções são se adaptar ou fracassar.

Em maio, o Japão e a Alemanha entram em recessão. Os casos aumentam na América Latina, e os EUA ultrapassam a marca de 100 mil mortes e continuam sendo o país com mais casos. Estamos desesperados para achatar a curva. Ah, como sentimos falta de nos curvar em direção uns aos outros.

CENA 7: A DEDICAÇÃO

O luto nos atinge, estridente & irrevogável como um tiro. Devemos nos dedicar aos nossos mortos, marchar adiante já que eles não podem mais.

25 de maio: George Floyd, um homem afro-americano de 46 anos, é assassinado por um policial que ajoelhou em seu pescoço, ignorando o fato de ele ter avisado que não conseguia respirar.

26 de maio: Protestos do movimento Black Lives Matter começam em Minneapolis & se espalham por todo o mundo. Em todos os lugares nós gritamos. Estamos gritando até agora.

CENA 8: A PUNHALADA

Uma surpresa, como de repente olhar para baixo & ver uma faca brotando da sua barriga. Quem conta histórias chama isso de reviravolta.

11 de junho: A África ultrapassa a marca de 200 mil casos de coronavírus.

10 de julho: Estamos anestesiados & fomos numerados. Nos EUA são 68 mil novos casos por dia, quebrando o recorde pela sétima vez em onze dias. Corta para um plano aberto de uma bandeira com uma medalha de ouro enferrujada.

13 de julho: Até agora, mais de 5 milhões de estadunidenses ficaram sem seguro-saúde.

CENA 9: O MOMENTO MAIS SOMBRIO

Disso não há dúvida: falhamos uns com os outros no pior dia possível. Tudo parece perdido. Estamos presos nas trincheiras; nem rastejar nós conseguimos.

22 de agosto: As mortes causadas pela covid-19 no mundo ultrapassam 800 mil. Um cadáver seguido de um cadáver seguido de um cadáver seguido de

Setembro de 2020: Incêndios nas florestas da Califórnia, de Oregon e Washington dão origem à pior temporada de queimadas da história, sujeitando esses estados às piores condições de qualidade do ar no planeta (em algumas regiões do Oregon, a poluição de fato ultrapassou o índice de qualidade do ar). Os incêndios destroem mais de 41 mil km^2, queimando mais de 10 mil construções e matando quase quarenta pessoas.

3 de setembro: O vírus atinge as universidades dos EUA, totalizando mais de 51 mil casos.

7 de setembro: A Índia, com mais de 4 milhões de infectados, se torna o segundo país com mais casos.

28 de setembro: O número de mortes no mundo chega a 1 milhão, isso sem contar as subnotificações.

11 de outubro: O mundo registra mais de 1 milhão de novos casos em três dias.

CENA 10: O PODER INTERIOR

Nossos heróis cerram o punho. Algo dentro de nós se contrai como um músculo, e uma memória trêmula nos faz lembrar de quem & do que somos. Nossos ossos emanam uma música em crescendo. Nada disso é normal. Mas, até aí, nós também não somos.

7 de novembro: Joe Biden vence a eleição presidencial dos EUA.

2 de dezembro: O Reino Unido aprova o uso emergencial da vacina da Pfizer contra o coronavírus, tornando-se o primeiro país ocidental a liberar o uso de vacinas & a começar a vacinação, em 8 de dezembro.

6 de dezembro: A covid-19 supera as doenças cardiovasculares e se torna a principal causa de mortes nos EUA.

11 de dezembro: A Food and Drug Administration (FDA), agência nacional responsável por medicações, aprova o uso emergencial da vacina da Pfizer & dias depois faz o mesmo com a Moderna, no dia 18.

14 de dezembro: O número total de mortes nos EUA passa de 300 mil. Sandra Lindsay, uma enfermeira da unidade de terapia intensiva que vive em Nova York, se torna a primeira pessoa a ser vacinada fora de um teste clínico nos EUA. Ela ressalta a importância de ter se vacinado sendo uma mulher negra. Um governador declara que essa é a arma que vai acabar com a guerra. Como veremos em breve, a guerra só começou.

CENA 11: A BATALHA

Nossos heróis precisam lutar contra forças opostas. Armados de espadas, sabres, varinhas & palavras, eles devem defender aquilo em que acreditam.

6 de janeiro: Apoiadores de Trump invadem o Capitólio dos EUA, provocando a morte de cinco pessoas. Em algum lugar uma poeta escreve em uma noite sem luar & de repente deixa a caneta de lado.

7 e 8 de janeiro: O Facebook & o Instagram suspendem as contas de Donald Trump (mais tarde, em junho, anunciariam que esse banimento valeria por dois anos, terminando em 2023). O Twitter bane Trump permanentemente por violação das políticas da plataforma e apologia à violência.

CENA 12: CLÍMAX

Tudo parece ter confluído para isso — um clímax, uma escalada, alta o bastante para vermos a dor, assim como o que ficou para trás.

20 de janeiro: Exterior do Capitólio – Dia. Joe Biden é empossado 46º presidente dos EUA, e Kamala Harris se torna a primeira vice-presidenta e a primeira pessoa de ascendência afro-americana & americana-asiática a assumir tal posição. Amanda Gorman, uma garota negra magrinha, uma descendente de escravizados, se torna a mais jovem poeta a recitar em uma posse presidencial na história dos EUA. Exatamente ao meio-dia, as nuvens cinza cedem & o céu se abre.

CENA 13: RESOLUÇÃO

Os heróis limpam suas espadas e contam os mortos. Eles estão voltando para casa, onde tudo começou. De cabeça erguida & ao mesmo tempo pesarosos, eles nunca esquecerão o que aconteceu aqui.

20 de janeiro, continuação: A construção do oleoduto Keystone XL é interrompida depois que o presidente Biden revoga a autorização do projeto, que planejava transportar 8 mil barris de petróleo de Alberta para a costa do Golfo do Texas. Horas depois da posse, Biden anuncia em uma carta ao secretário-geral da ONU, Antonio Guterres, que os EUA vão continuar integrando a OMS, cancelando a saída planejada pelo governo anterior.

19 de fevereiro: Os EUA voltam a integrar o Acordo de Paris para preservação do meio ambiente.

27 de fevereiro: A FDA aprova o uso emergencial da vacina da Johnson & Johnson contra a covid-19.

11 de março: Completa-se um ano que a OMS declarou a pandemia de covid-19.

12 de março: Os EUA aplicam 100 milhões de doses de vacina. Casos diários caem.

13 de abril: O presidente Biden anuncia que vai retirar todas as forças armadas estadunidenses do Afeganistão até o 11 de setembro, quando se completam 20 anos do atentado ao World Trade Center, encerrando a guerra mais longa na qual o país já se envolveu. Em agosto, o Talibã vai tomar o controle da capital Cabul.

20 de abril: O assassino de George Floyd é condenado por duas acusações de assassinato & em uma de homicídio culposo. Em todo os lugares nós choramos.

Por volta do fim de julho, 4 bilhões de doses de vacina foram aplicadas pelo mundo. Nós podemos erguer a cabeça, tirar as mãos que cobrem nosso rosto como máscaras. Por trás delas, nossos sorrisos estão despojados como armaduras depois da guerra.

Em algum lugar um leitor lê isso.
Existe resolução se ela ainda está em andamento, sem registro, sem leitura?
A parte da narrativa em que vemos nossos heróis como eles veem o mundo.
Nós entendemos o "normal" de acordo com o que acreditamos quando uma história começa.
Inspirador, provocativo, dentro de nós.
Sempre há alguém que fica faltando na música.

CENA 14: UM MUNDO NÃO ORDINÁRIO

Nossos heróis estão diferentes. O universo deles está diferente. Há alguma coisa nova pousada nos limites da terra como um sol.

Expectativas pela sequência do filme, *A variante Delta*, que vai entrar em cartaz no final deste ano, assim como a terceira parte da trilogia, *Lambda*.
Corte e tela preta.
A voz do narrador divaga, saboreando o silêncio.
Começa a tocar a música-tema dos protagonistas que tocou no início, para fechar em grande estilo.
No fim da jornada, os heróis podem estar nos mesmos lugares onde suas histórias começaram, mas eles foram inevitavelmente mudados, alterados, deslocados.

Nem todos nós somos heróis, mas somos ao menos humanos. Este não é um desfecho, mas uma abertura, um alargamento — não um bocejo, mas um grito, um poema cantado. O que admitimos sobre nós & dentro de nós. Não existe isso de "acabar" ou "terminar". Se fomos trazidos a um encerramento, será porque nos aproximamos. Ah, como esse conflito parece limpo & necessário quando é contado assim. É como se enviássemos uma arca bem construída & sem rumo. É através das nossas histórias que este mundo é transmitido.

Esta linha do tempo, naturalmente, nunca estará completa. A amostra nunca é simples, é sempre insuficiente para evocar o insuportável. Não há um jeito de relatar com quem & com o que nós contamos naquela escuridão.

Essas são só algumas das coisas que superamos.
Que possamos ser mais do que a soma delas.

CODA EM CÓDIGO

_ _ABERTURA!

AGORA _ESCREVA!

_ _____ ACABOU

_O_QUE ACABOU

OBRIGADA___PERGUNTAR

FIN_______

TER_____

__FIM

_ ____ _VOLTOU

NÓS VOLTAMOS

BEM-______ __ _____ _NATUREZA

VEJA __ ______ COMO ____
MERECEM___ __________

VEJA__ ______ COMO____
_______SER__________*

* O poema original foi criado a partir de um jogo de forca com palavras retiradas de anúncios publicitários veiculados em junho de 2021, verão nos EUA, um período em que as pessoas tinham a sensação de que a pandemia tinha chegado ao fim graças à vacinação em massa. Pessoas com distúrbios de processamento auditivo, como a autora, geralmente têm dificuldade de reconhecer os sons e se lembrar da ordem das palavras. Os anúncios originais reproduzidos nos últimos dois versos são os seguintes:

Bem-vindos de volta à natureza.
Veja os filmes como eles merecem ser assistidos.

O MUNDO NÃO ORDINÁRIO

O pior já passou,
Dependendo de quem responde à pergunta.
Desta vez, estamos sozinhos,
Não por imposição,
Mas porque o que mais desejamos
É um instante para nós mesmos,
Para parar & ver,
Longínquo, mas não distante,
Como uma lua orbitando
O globo de que mais gosta.

Agora que o melhor começou,
Dependendo de quem responde à pergunta,
Não seremos vermes,
Fugindo de tudo que brilha.
Nosso futuro é um mar
Inundado de sol,
Nossas almas, tão solares & batalhadoras.
Há um corte dessa queimadura em todos nós.
Quem somos, senão
O que fazemos com a escuridão?

ESSEX II

Conforme o mundo se desfez,
        Nós nos unimos.
Só nós podemos nos salvar.
        Nossos rostos estampados com o tempo,
Novos significados sobrepostos
        Contra nós como marés lunares.
Com nossas perdas que tanto nos pesam,
        Somos guiados
Pelo que amamos.
        Por mais longe que esteja,
O pôr do sol parece
        Caber nas nossas mãos.
Ou seja, a distância
        Torna toda imensidão
Suportável. É o ato de carregar
        Que torna a memória mútua,
A dor tanto privada quanto pública.
        Aos poucos, o luto se torna um dom.
Quando o reconhecemos, quando ouvimos nossa perda,
        Quando de fato nos permitimos vivê-la,
Ela não diminui de tamanho,
        Mas se torna um fardo mais leve.
Nos deixa respirar.
        O desespero mais denso nos leva

A uma alegria não ordinária.
Às vezes mergulhar
No que temos de mais profundo
É o único jeito
De superar o luto.

RESOLUTO

Essa sensação de paz corre
Tão profunda que nos enraíza num lugar.
É verdade que a poesia
Pode iluminar um tempo abandonado,
Um ano que mal conseguimos engolir.
Há uma justiça na alegria,
Acesa em contraste com tudo aquilo
Que terminamos, suportamos &
Começamos.
Não vamos remexer as pedras.
Vamos criar montanhas.

ARBORESCENTE III, ou ÉLPIS

Permita-nos reformular a frase,
Pois falaremos direito dessa vez
(& não é para isso que servem os finais?):
Não temos esperança sem motivo.
A esperança é a razão em si.
Não cuidamos de quem amamos
Por alguma lógica particular, específica,
Mas por tudo o que eles são.
Ou seja,
O amor justifica o ato de amar.
Como você, somos humanos & assombrados
Como nós, você é assombrado & está se curando.
O que sentimos ser a verdade
Só pode ser entendido
Pelo que provoca no corpo.
Assim como as árvores,
Nós, também, somos moldados
Pela maneira como nos curvamos
Em direção a tudo que
Nos permite ser atravessados pelo sol.
Estamos de fato crescendo
Acima e para além dessa dor

Se preferiríamos queimar
A acorrentar esse amor.
A única palavra que temos para descrever isso é
Mudança.

ENCERRAMENTO

Começar outra vez
Não é voltar atrás,
Mas decidir continuar.
Nossa história não é um círculo entalhado,
Mas uma espiral derramada/moldada/girando,
Mudando de direção, para dentro & para fora, *ad infinitum*,
Como um pulmão à beira de um discurso.
Respire conosco.
Desembarcamos ao lado & além
De quem fomos, de quem somos.
É um retorno & uma partida.
Espiralamos para o alto & para fora,
Como uma coisa que cresce
Criando a própria forma fora da terra.
Em um poema, não há fim,
Só um lugar onde a página
Brilha ampla & à espera,
Como uma mão estendida
Pronta & pausada.
Aqui está o nosso laço, que nem ossos limitam.
Talvez o amor seja a sensação
De respirar o mesmo ar.
Tudo que temos é o tempo, é o agora.
O tempo nos elabora.

A forma como nos movemos diz tudo
Sobre o que somos uns para os outros
& o que nós somos uns para os outros
Senão tudo?

O QUE LEVAMOS

Como crianças, nos sentamos na grama,
Enfiamos as mãos na terra.
Sentimos aquele universo marrom
E úmido se contorcer, alerta & vivo,
A terra acolhida no barco formado por nossas mãos.

Nossos olhos sem vendas arregalados de espanto.
As crianças entendem:
Até a sujeira é um presente,
Até o que está atolado é milagroso,
O que estragou ainda é maravilhoso.

Arca: um barco como o que protegeu a família de Noé &
os animais da enchente. A palavra vem do latim *arca*,
que significa "baú", muito semelhante à palavra *arcere*,
em latim "conter, defender, encerrar". *Arca* também se refere
a um local tradicional nas sinagogas para os pergaminhos
da Torá.

Isso para dizer
Que colocamos palavras na arca.
Onde mais as colocaríamos?

Continuamos a falar/escrever/viver/amar/ter esperança/
lutar.
Isso quer dizer que acreditamos em algo além do desastre.

Até os finais terminam
À beira do abismo.
O tempo encerra a si mesmo.
Não é uma repetição, mas um acerto de contas,
Os dias não podem evitar passar de dois em dois:
O passado & o presente, emparelhados e paralelos.
É o futuro que salvamos
De nós mesmos, para nós mesmos.

As palavras importam, pois
A linguagem é uma arca.
Sim,
A linguagem é uma arte,
Artefato articulado.
A linguagem é uma arte viva.
Sim,
A linguagem é uma salva-vidas.

Nós nos lembramos de como tocar uns aos outros
& como confiar em tudo o que é bom & certo.
Aprendemos nossos verdadeiros nomes —
Não aqueles pelos quais somos chamados
Mas aqueles pelo quais somos chamados

Para levar adiante a partir de agora.
O que nós levamos, se não
Quem e o que mais nos importa?

O que nós somos,
Se não o preço da luz?
A perda é o custo do amor,
Uma dívida que vale cada pulsar & respirar.
Sabemos disso porque escolhemos
Nos lembrar.

A verdade é
Um globo, maravilha imperfeita.
Aqui está a preservação
De uma luz tão fantástica.
A verdade é que existe alegria
Em descartar quase tudo:
Nossa raiva, nossas ruínas,
Nosso orgulho, nosso ódio,
Nossos fantasmas, nossa ganância,
Nossa fúria, nossas guerras,
À beira do mar.
Nós não temos nenhum abrigo
Para essas coisas aqui. Alegra-se, pois
O que deixamos para trás
Não vai nos libertar,
Mas o que nos sobrou

É tudo de que precisamos.
Nós somos o bastante,
Armados somente
Com nossas mãos,
Abertas, mas não vazias
Como algo que floresce.
Chegamos ao amanhã,
Levando nada
Além do mundo.

O MONTE QUE ESCALAMOS

Sr. presidente e dr. Biden, sra. vice-presidenta
e sr. Emhoff, americanos e o mundo todo:

Quando chega o dia, nos perguntamos:
Onde podemos encontrar a luz
Nesta escuridão sem fim?
A dor que cada um traz, um mar que devemos cruzar.

Persistimos nos braços da intempérie.
Aprendemos que silêncio nem sempre é paz,
E que as ideias e regras do que "todo mundo faz"
Nem sempre são justiça.

E, no entanto, a aurora chega antes de nos darmos conta.
De algum jeito, conseguimos.
De algum jeito, enfrentamos e testemunhamos
Uma nação que não está aos pedaços, mas sim
incompleta.

Nós, sucessores de um país e de um tempo
Em que uma garota negra magricela,
Descendente de escravizados e filha de
mãe solo,

Pode sonhar em ser presidenta
E se ver diante de um, declamando seu poema.

Sim, estamos longe de ser impecáveis,
    longe de ser imaculados.
Mas isso não significa que o esforço
    é para formar uma união perfeita.
Queremos que nessa união
    haja propósito.

Queremos criar um país comprometido
Com todas as culturas, cores, características
E condições humanas.
Por isso lançamos nosso olhar não
Ao que se interpõe entre nós,
Mas ao que está diante de nós.
Reunimos os esforços
Porque sabemos que, para colocar
o futuro em primeiro lugar, antes devemos

Deixar as diferenças de lado.
Baixamos as armas
Para dar as mãos uns aos
    outros.
Não desejamos mal a ninguém, desejamos harmonia para todos.

Que o mundo, ao menos, diga que é verdade:
Ainda que de luto, crescemos,
Ainda que feridos, não perdemos a esperança,
Ainda que cansados, tentamos.
Estaremos unidos para sempre.
    Vitoriosos,
Não porque jamais encontraremos a derrota
    outra vez,
Mas porque nunca mais semearemos
    a separação.

As escrituras nos dizem para pressagiar:
"Cada um se assentará debaixo da sua videira
    e debaixo da sua figueira,
E não haverá quem os atemorize".
Se fizermos nosso melhor em nosso tempo,
    a vitória
Não estará no punhal, mas em todas as pontes
    que construímos.
Esse é o vale prometido,
O monte que escalamos, se ousarmos:
Porque ser americana é mais do que
    um orgulho herdado...
É a história que trazemos, é como reparamos
    o passado.

Vimos uma força capaz de despedaçar nossa
nação, mas não de compartilhá-la,
Capaz de destruir nosso país se assim
adiasse a democracia.
E esse esforço quase teve êxito.
Mas, embora possa
ser adiada,
A democracia nunca pode ser derrotada.

Nessa verdade, nessa crença, confiamos.
Enquanto temos nossos olhos voltados ao futuro,
A história mantém seus olhos sobre nós.

Esta é a era da justa redenção.
Nós a tememos em seus primórdios.
Não nos sentíamos prontos para herdar
Um momento tão assustador.
Mas dentro de nós encontramos o poder
De escrever um novo capítulo,
Para oferecer a nós mesmos a esperança e o riso.

Embora um dia tenhamos perguntado: como é possível
triunfar sobre a catástrofe?
Agora dizemos: como foi possível que a catástrofe
triunfasse sobre nós?

Não voltaremos ao que era,
Seguiremos para o que será:
Uma nação ferida mas inteira,
Benevolente mas audaciosa,
Forte e livre.

Ninguém nos fará voltar atrás.
Não seremos interrompidos pela intimidação.
Porque sabemos que nossa inação e inércia
Serão a herança da próxima
    geração.
Nossas falhas serão seu fardo.
Mas uma coisa é fato:
Se unirmos a piedade ao poder, e o poder
    ao dever,
O amor se tornará nosso legado,
E a mudança, o direito de nascença de nossas crianças.

Que possamos deixar um país melhor
    do que aquele que deixaram para nós.
Com cada fôlego de nossos torsos
    forjados em bronze,
Vamos enaltecer esse mundo ferido
    e torná-lo maravilhoso.

Avançaremos dos montes dourados
    do Oeste!

Avançaremos do Nordeste de ventos revoltos,
onde nossos antepassados fizeram
a primeira revolução!
Avançaremos das cidades ladeadas pelos lagos
dos estados do Centro-Oeste!
Avançaremos do Sul banhado pelo sol!

Vamos reconstruir, reconciliar
e recuperar,
Em cada recanto de nossa nação,
Em cada canto que chamamos de nosso país,
Nosso povo, diverso e devotado.
Viremos, exaustos mas belos.

Quando chega o dia, saímos de nossa sombra,
Em chamas, sem medo.
A nova aurora floresce enquanto a libertamos,
Pois sempre há luz,
Se tivermos coragem de vê-la,
Se tivermos coragem de sê-la.

NOTAS

FUGA

Os versos "Desculpe se estamos bem menos amigáveis/ [...] tentando acabar com tudo", no original "tryna end things", são inspirados na canção "Work", de Rihanna com a participação de Drake, lançada em 2016 no álbum *Anti*. A letra diz "If you come over / Sorry if I'm way less friendly" (Se você vier/ Desculpe se eu for bem menos amigável).

"Níveis de confiança social": David Brooks, "America is Having a Moral Convulsion" (Os Estado Unidos estão passando por uma convulsão moral), *The Atlantic*, 5 de outubro de 2020, https://www.theatlantic.com/ideas/archive/2020/10/collapsing-levels-trust-are-devastating-america/616581.

"Uma pesquisa de 2021 afirma": Arnstein Aassve *et al.*, "Epidemics and Trust: The Case of the Spanish Flu" (Epidemia e confiança: O caso da gripe espanhola) *Health Economics* 30, n. 4 (2021), p. 840-857, https://doi.org/10.1002/hec.4218.

O ÍMPETO

Os versos "Precisamos mudar/ Tudo neste final" foram inspirados pela frase final do poema "Torso arcaico de Apolo", de Rainer Maria Rilke, que na tradução de Manuel Bandeira para o português diz "Força é mudares de vida".

QUE DESTROÇO É O HOMEM

"Que destroço é o homem" é uma frase inspirada por um monólogo do príncipe Hamlet na peça homônima de William Shakespeare, na qual o protagonista diz "Que obra-prima é o homem!" (What a piece of work is a man!).

ESSEX I

O verso "nós nos tornamos o que caçamos" é inspirado por um trecho de *No coração do mar: A história real que inspirou Moby Dick de Melville*, de Nathaniel Philbrick:

"As redes de unidades familiares lideradas pelas fêmeas das baleias cachalote lembravam, de maneira surpreendente, a comunidade que os baleeiros tinham deixado em Nantucket. Em ambas as sociedades os machos eram itinerantes. De tanto matar cachalotes, os habitantes de Nantucket tinham desenvolvido um sistema de relacionamento social que mimetizava o de suas presas".

OUTRO NÁUTICO

"Vinho-escuro" é uma expressão usada com frequência por Homero em *Ilíada* e *Odisseia* para descrever o mar.

FAROL

Terêncio foi um homem escravizado que se tornou um famoso dramaturgo por volta de 170 A.C. A frase "Homo sum, humani nihil a me alienum puto", uma de suas mais conhecidas, pode ser traduzida como "Sou um homem, e nada do que é humano considero estranho a mim". Maya Angelou citou essa frase na série *Oprah's Master Class*.

O verso "Nenhum ser humano nos é estranho" evoca o sentimento de Terêncio.

HEFESTO

O verso "Isso não é uma alegoria" dialoga com um trecho da *República* de Platão, (tradução de Leonel Vallandro) no qual Hefesto é banido do céu por Zeus:

"Quanto aos relatos de como foi aferrolhada Hera por seu filho ou como, em outra ocasião, dispondo-se Hefesto a defender a mãe contra os golpes do pai, foi por este arrojado ao espaço, e todas as batalhas de deuses que inventou Homero, não é possível admiti-las na cidade, quer tenham, quer não tenham um significado alegórico. Porque os meninos não são capazes de distinguir o alegórico do literal".

CORDAME, ou REPARAÇÃO

Esse poema foi criado a partir de uma técnica de apagamento. Para dar continuidade à voz poética do livro, uma vez que diferentes citações e documentos originais foram usados na composição, usei o ampersand no lugar do "e", assim como optei pela primeira pessoa do plural, "nós", em vez de outros pronomes. A pontuação e o uso de maiúsculas também foram modificados quando apropriado.

Hensleigh Wedgwood, *A Dictionary of English Etymology, vol. 1* (London: Trübner & Co., 1859), p. 72.

OLHOS DA TERRA

O verso "queremos nossos pais vermelhos" é inspirado pelo poema "Romance Sonámbulo", de Federico Garcia Lorca, que repete o verso "Verde que te quiero verde" (Verde que te quero verde).

PAN

A referência aos mortos entre o que poderia ser guardado em um pito é influenciada pelo artigo "Funerary Pithoi in Bronze Age Crete: Their Introduction and Significance at the Threshold of Minoan Palatial Society" (Pitos funerários na Idade do Bronze na ilha de Creta: Sua introdução e importância no começo da civilização minoica), de Giorgos Vavouranakis, publicado no *American Journal of Archaeology* 118, nº 2 (2014), p. 197–222.

PRÉ-MEMÓRIA

"A pós-memória han é um paradoxo": Seo-Young Chu, "Science Fiction and Postmemory Han in Contemporary Korean American Literature" (Ficção científica e pós-memória *han* na literatura coreano-americana contemporânea), em *MELUS 33*, n. 4 (2008), p. 97-121.

QUEM VAMOS CHAMAR?

O título é uma referência à canção "Ghostbusters", composta por Ray Parker Jr. para a trilha sonora original do filme *Os Caça-Fantasmas* (1984).

O VALE DA SOMBRA DA MORTE OU EXTRA! EXTRA! LEIA TUDO SOBRE O ASSUNTO!

Os versos "a injúria é um som que nos animaliza" são inspirados em versos do poema "far memory" ("memória distante") de Lucille Clifton. O poema é dividido em sete partes, e na parte seis, "karma", há os seguintes versos: "the broken vows / hang against your breasts, / each bead a word / that beats you" ("os votos quebrados / pendurados contra os seus seios / cada conta uma palavra / que te agride").

CONDOLÊNCIAS

Cecilia, de 16 anos, era integrante do povo Yakama de Toppenish, em Washington, e morreu de gripe na Escola Indígena Chemawa, um internato mantido pelo governo dos EUA em Salem, Oregon. Esse poema "apaga" uma carta de condolências que o superintendente da Agência Indígena de Yakama escreveu para a mãe de Cecilia, Grace Nye. Cecilia foi uma entre os milhares de americanos nativos que morreram na epidemia de gripe. Esse foi um golpe devastador para a população indígena, que quase tinha sido aniquilada pelo genocídio, pobreza extrema, privação de direitos, doenças e um deslocamento forçado brutal.

A enfermeira-chefe Daisy Codding registrou a marca impressionante de 150 casos de gripe e treze mortes na escola. O superintendente escreveu: "Eu estava extremamente ocupado, de modo que me é impossível descrever os detalhes relacionados à morte de Cecilia". A menina morreu a mais de 320 km de distância de sua família, o que não era raro entre crianças indígenas. Seguindo a máxima "Mate o índio que vive nele e salve o homem", o governo dos EUA separou dezenas de milhares de crianças indígenas de suas famílias e as forçou a viver em internatos federais nas quais assimilariam os valores ocidentais. A morte de Cecilia mostra que a educação genocida realmente "mata o índio". A carta do superintendente termina assim: "Espero que o corpo de Cecilia tenha chegado até vocês em bom estado e expresso meus sentimentos". A Escola Indígena Chemawa é um dos internatos mais antigos para americanos nativos e continua em funcionamento nos EUA.

Dana Hedgpeth, "Native American Tribes Were Already Being Wiped Out—Then the 1918 Flu Hit" (Povos originários americanos já vinham sendo assassinados — Então veio a gripe de 1918), *The Washington Post*, 27 de setembro de 2020, https://www.washingtonpost.com/history/2020/09/28/1918-flu-native--americans-coronavirus.

"Members of Oregon's Congressional Delegation Continue to Demand Answers Surrounding Chemawa Indian School" (Integrantes da delegação do congresso continuam a exigir respostas sobre a Escola Indígena Chemawa), Documento e Publicações do Congresso, Federal Information & News Dispatch, LLC, 2018.

SELMA EPP

Catherine Arnold, *Pandemic 1918: Eyewitness Accounts from the Greatest Medical Holocaust in Modern History* (A pandemia de 1918: Relatos de testemunhas do maior holocausto médico na História Moderna) (Nova York: St. Martin's Press, 2018), p. 124.

A FAMÍLIA DONOHUE

Arnold, *Pandemic 1918*, p. 126.

LIVRO DE REGISTROS DA FAMÍLIA DONOHUE

Arnold, *Pandemic 1918*, p. 126-127.

GOLPE EM D.C.

O título em inglês, "DC Pustch", é uma referência ao Beer Hall Putsch, ou o Putsch de Munique, uma tentativa malsucedida de golpe de Estado comandada por

Adolf Hitler, líder do partido nazista, em 8 e 9 de novembro de 1923. Depois desse golpe, Hitler foi preso e acusado de traição.

OS SOLDADOS (OU PLUMMER)

Durante a Primeira Guerra Mundial, o exército dos EUA ainda era racialmente segregado. A maioria dos afro-americanos alistados eram colocados em posições fora de combate, separados dos brancos. Mais de 100 médicos negros serviram como oficiais médicos do exército dos EUA, junto de 12 oficiais dentistas negros, 639 oficiais de infantaria e mais de 400 mil homens negros que se alistaram. Catorze mulheres negras serviram como escriturárias da Marinha. Barreiras administrativas discriminatórias impediam enfermeiras negras treinadas de se juntarem ao esforço de guerra, mas a crise de saúde pública causada pela pandemia de 1918 fez com que dezoito enfermeiras negras finalmente fossem autorizadas a servir, e elas se tornaram as primeiras de sua raça a servirem como enfermeiras do Exército durante a epidemia e depois da guerra.

"Roy Underwood Plummer": "Diário do cabo Roy Underwood Plummer na Primeira Guerra Mundial", Smithsonian, Museu Nacional da História Afro-Americana, atualizado pela última vez em 17 de junho de 2021, https://transcription.si.edu/project/26177.

"manteve um diário": Douglas Remley, "In Their Own Words: Diaries and Letters by African American Soldiers" (Nas palavras deles: Diários e cartas dos soldados afro-americanos), Museu Nacional da História Afro-Americana, atualizado pela última vez em 18 de maio de, 2020, https://nmaahc.si.edu/explore/stories/their-own-words.

"A maioria dos oficiais afro-americanos": "African-American in the Military during World War I" (Afro-americanos nas forças armadas durante a Primeira Guerra Mundial), atualizado pela última vez em 28 de agosto de 2020, https://research.wou.edu/c.php?g=551307&p=3785490.

"dezoito enfermeiras negras": Marian Moser Jones e Matilda Saines, "The Eighteenth of 1918–1919: Black Nurses and the Great Flu Pandemic in the United States" (As dezoito de 1918-19: Enfermeiras negras e a grande epidemia de gripe nos EUA), *American Journal of Public Health* 106, nº 6 (June 2019), p. 878.

GUERRA: O QUE TEM DE BOM?

O título do poema é um jogo como a canção "War" (guerra), de Edwin Stare, do álbum de 1970 *War & Peace*.

"A gripe de 1918 matou": Kenneth C. Davis, *More Deadly Than War: The Hidden History of the Spanish Flu and the First World War* (Mais mortal que a guerra: A história oculta da gripe espanhola e da Primeira Guerra Mundial), (Nova York: Henry Holt and Co., 2018).

"Os britânicos foram pioneiros no corte de cabos": Gordon Corera, "How Britain Pioneered Cable-Cutting in World War One" (Como a Inglaterra foi pioneira no corte de comunicações na Primeira Guerra Mundial), *BBC News*, 15 de dezembro de 2017, https://www.bbc.com/news/world-europe-42367551.

"se recusando a publicar cartas de médicos": Becky Little, "As the 1918 Flu Emerged, Cover-Up and Denial Helped It Spread" (Conforme a gripe de 1918 se alastrou, a negação e o abafamento de informações a ajudaram a se espalhar), History, última atualização em 26 de maio de 2020, history.com/news/1918-pandemic-spanish-flu-censorship.

"o correio britânico entregou": "Letters to Loved Ones" (Cartas aos que amamos), Imperial War Museums, última atualização em 14 de dezembro de 2020, https://www.iwm.org.uk/history/letters-to-loved-ones.

"Ordem Geral nº 48": "Correspondência dos soldados", The National WWI Museum and Memorial, última atualização em 8 de julho de 2021, https://www.theworldwar.org/learn/wwi/post-office.

"informaram que seu correio processava": "Arquivos", The National WWI Museum and Memorial, última atualização em 1 de setembro de 2021, https://theworldwar.pastperfectonline.com/archive/A346097B-03F6-49BE-A749-422059799862.

"cartões de condolências se esgotaram em 2020": Michael Corkery e Sapna Maheshwari, "Sympathy Cards Are Selling Out" (Cartões de pêsames estão se esgotando), *The New York Times*, 28 de abril de 2020, https://www.nytimes.com/2020/04/27/business/coronavirus-sympathy-cards.html.

"a maioria dos usuários dos EUA": "USPS Market Research and Insights: COVID Mail Attitudes—Understanding & Impact (April 2020)" (Pesquisa de mercado e Insights UPSP: Usos do Correio e a Covid — Aprendizados e impactos), Correio dos Estados Unidos, última atualização em 1 de maio de 2020, https://postalpro.usps.com/market-research/covid-mail-attitudes.

O verso "Qual lugar temos em nossas histórias a não ser o presente?" é influenciado por um poema de D. H. Lawrence, "Under the Oak" (Embaixo do carvalho), especificamente no verso final, "What place have you in my histories?" (Que lugar você tem nas minhas histórias?).

A FRATERNIDADE

"Carta de Ida B. Wells-Barnett ao presidente Woodrow Wilson", DocsTeach, última atualização em 19 de setembro de 2021, https://www.docsteach.org/documents/document/ida-b-wells-wilson.

RETALHOS DE TEXTOS: OS NOMES

"Os nomes": Joe Brown, *A Promise to Remember: The Names Project Book of Letters, Remembrances of Love from the Contributors to the Quilt* (Uma promessa para se lembrar: Os nomes, projeto de livros de cartas e recordações de amor dos colaboradores da colcha), (Nova York: Avon Books, 1992).

"27,2 a 47,8 milhões de pessoas": "Estatísticas globais de HIV & AIDS", UNAIDS, última atualização em 1 de julho de 2020, https://www.unaids.org/en/resources/fact-sheet.

National AIDS Memorial (Memorial Nacional da AIDS), última atualização em 14 de dezembro de 2020, https://www.aidsmemorial.org/.

RELATÓRIO DA MIGRAÇÃO DE ETOS

"Verão Vermelho": julho pode ser tão quente quanto o ódio. Mas nós sabemos disso melhor que ninguém. O "Verão Vermelho" de 1919, assim como os anos que se seguiram a ele, talvez tenha sido o pior período de violência de brancos contra negros visto nos EUA. De 1917 até 1923, pelo menos mil americanos foram mortos em conflitos raciais em todo o país.

O banho de sangue aconteceu numa colisão de tensões raciais crescentes. Durante o que ficou conhecido como A Grande Migração, afro-americanos deixaram o Sul rural em busca de oportunidades nas cidades do Norte. Com o fim da Primeira Guerra Mundial, veteranos brancos voltaram para casa e viram os trabalhadores negros como concorrência na busca por empregos. Enquanto isso, oficiais negros retornaram de uma luta pela democracia no estrangeiro para ter seus direitos civis básicos negados em sua terra natal. Além disso, o país, mais populoso em certas regiões, ainda estava se recuperando da terceira onda da gripe mortal de 1918, e os brancos muitas vezes culpavam os negros pela propagação da doença.

Em meio a todas essas tensões, a Ku Klux Klan ressurgiu e pelo menos 64 linchamentos de afro-americanos aconteceram em 1918. Durante a escalada de violência do verão de 1919, pelos menos 25 protestos raciais irromperam em diversos pontos do país. Centenas de homens, mulheres e crianças afro-americanos foram queimados vivos, linchados, arrastados, apedrejados, alvejados, enforcados ou espancados até a morte por turbas brancas itinerantes. Milhares de casas e estabelecimentos foram incendiados, deixando famílias negras sem moradia e sem trabalho. Os agressores brancos não foram punidos. Afro-americanos (muitos deles inocentes) foram julgados e condenados por júris formados apenas por pessoas brancas.

A capital do país não foi poupada do terror racial. Ao menos 39 pessoas morreram e 150 ficaram feridas em um período de quatro dias de violência no fim de julho. Finalmente, duas mil tropas federais foram acionadas (ironicamente, muitos dos agressores brancos eram membros das forças armadas que tinham retornado da Primeira Guerra Mundial havia pouco tempo).

A temporada de violência de 1919 foi chamada de "Verão Vermelho" pelo primeiro secretário-executivo negro de campo da NAACP, James Weldon Johnson (autor de "Lift Every Voice and Sing", também conhecido como "o hino nacional negro"). Johnson escreveu sobre o que viu em D.C. na revista *Crisis*, da NAACP.

"If We Must Die" (Se devemos morrer), soneto de Claude McKay, se tornou o hino do Verão Vermelho. Embora o Verão Vermelho tenha causado centenas de mortes, ainda não há uma data comemorativa nacional que relembre esses acontecimentos (assim como não há uma data que relembre a gripe de 1918). Ver as fontes abaixo. Para um livro de poesia sobre os protestos de Chicago de 1919, ver: Eve L. Ewing, *1919* (Chicago: Haymarket Books, 2019).

"entre 1917 e 1923": William M. Tuttle, *Race Riot: Chicago in the Red Summer of 1919*, (Protestos raciais: Chicago no Verão Vermelho de 1919), (Urbana: University of Illinois Press, 1996).

"64 linchamentos": "The Red Summer of 1919" (O Verão Vermelho de 1919), History, último acesso em 6 de agosto de 2020, https://history.com/topics/black-history/chicago-race-riot-of-1919.

_ _ _ _ _ [GADOS]

Os versos "Ah, estamos tão tristes/ provavelmente pensamos/ que aquele poema era sobre a gente" são influenciados pela canção "You're so vain", de Carly Simon.

Os versos "Qualquer pessoa que tenha vivido/ é uma historiadora & um artefato" são influenciados pelo livro *Nox*, de Anne Carson, especificamente pelo verso "Aquele que pergunta sobre as coisas... é um historiador".

Courtney Coughenour *et al.*, "Estimated Car Cost as a Predictor of Driver Yielding Behaviors for Pedestrians" (Preço estimado do carro como um fator que prevê se o motorista dará passagem aos pedestres), *Journal of Transport & Health 16* (Fevereiro de 2020), 100831, https://doi.org/10.1016/j.jth.2020.100831.

Natassia Mattoon *et al.*, "Sidewalk Chicken: Social Status and Pedestrian Behavior" (Covarde da calçada: Status social e comportamento dos pedestres), California State University, Long Beach, última atualização em 22 de julho de 2021, https://homeweb.csulb.edu/~nmattoon/sidewalkposter.pdf.

Nicholas H. Wolfinger, "Passing Moments: Some Social Dynamics of Pedestrian Interaction" (Momentos de passagem: Algumas dinâmicas sociais da interação entre pedestres), *Journal of Contemporary Ethnography* 24, nº 3 (Outubro de 1995), p. 323-340, https://doi.org/10.1177/089124195024003004.

FÚRIA & FÉ

Sou grata a Kira Kleaveland e toda a equipe do *CBS This Morning* por dar um primeiro lar aos poemas "Fúria & fé" e "O milagre da manhã", entre outros.

A VERDADE EM UMA NAÇÃO

O título e o refrão "A verdade em uma nação" são inspirados pela frase "A verdade é uma nação, sob as drogas, sob drones", de Ocean Vuong, em *Sobre a terra somos belos por um instante.*

"nossa guerra tinha mudado": Yasmeen Abutaleb *et al.*, "'The War Has Changed': Internal CDC Document Urges New Messaging, Warns Delta Infections Likely More Severe" ("A guerra mudou: Documento internos do CDC alertam para a probabilidade da infecção pela variante Delta ser mais severa"), Washington Post, 29 de julho de 2021, https://washingtonpost.com/health/2021/07/29/cdc-mask-guidance.

O verso "o silêncio menos ainda" é inspirado pelo livro *Your Silence Will Not Protect You*, de Audre Lorde. A frase "Seu silêncio não vai proteger você" está no ensaio "A transformação do silêncio em linguagem e em ação".

LIBAÇÕES

"Libações" tem sua forma inspirada pelo poema "Obligations 2" de Layli Long Soldier.

MONOMITO

Fontes da linha do tempo:

Ben Casselman e Patricia Cohen, "A Widening Toll on Jobs: 'This Thing Is Going to Come for Us All'", The New York Times, 2 de abril de 2021, https://www.

nytimes.com/2020/04/02/business/economy/coronavirus-unemployment-claims.html.

Clint Smith, *How the Word Is Passed: A Reckoning with the History of Slavery Across America* (Nova York: Little, Brown and Company, 2021).

Derrick Bryson Taylor, "A Timeline of the Coronavirus Pandemic", The New York Times, 17 de março de 2021, http://www.nytimes.com/article/coronavirus-timeline.html.

Drew Kann, "Extreme Drought and Deforestation Are Priming the Amazon Rainforest for a Terrible Fire Season", CNN, 22 de junho de 2021, https://cnn.com/2021/06/22/weather/brazil-drought-amazon-rainforest-fires/index.html.

Eddie Burkhalter et al., "Incarcerated and Infected: How the Virus Tore Through the U.S. Prison System", The New York Times, 10 de abril de 2021, https://www.nytimes.com/interactive/2021/04/10/us/covid-prison-outbreak.html.

Josh Holder, "Tracking Coronavirus Vaccinations Around the World", The New York Times, 19 de setembro de 2021, https://www.nytimes.com/interactive/2021/world/covid-vaccinations-tracker.html.

Kathy Katella, "Our Pandemic Year—A COVID-19 Timeline," Yale Medicine, última atualização em 9 de março de 2021, https://www.yalemedicine.org/news/covid-timeline.

"Listings of WHO's Response to Covid-19", Organização Mundial da Saúde, última atualização em 29 de janeiro de 2021, https://www.who.int/news/item/29-06-2020-covidtimeline.

Thomas Fuller, John Eligon e Jenny Gross, "Cruise Ship, Floating Symbol of America's Fear of Coronavirus, Docks in Oakland", The New York Times, 9 de março de 2020, https://www.nytimes.com/2020/03/09/us/coronavirus-cruise-ship-oakland-grand-princess.html.

"A Timeline of COVID-19 Vaccine Developments in 2021", AJMC, última atualização em 3 de junho de 2021, https://www.ajmc.com/view/a-timeline-of-covid-19-vaccine-developments-in-2021.

The Visual and Data Journalism Team, "California and Oregon 2020 Wildfires in Maps, Graphics and Images", BBC News, 18 de setembro de 2020, https://www.bbc.com/news/world-us-canada-54180049.

O MONTE QUE ESCALAMOS

O verso "A história tem seus olhos sobre nós" é uma referência à canção "History Has Its Eyes on You", do musical *Hamilton*.

AUTORIZAÇÕES:

Cameron Awkward-Rich. Trecho de "Essay on the Appearance of Ghosts", 2016.
Dustin Lance Black, citação da série Academy Originals Creative Spark (2014).

AGRADECIMENTOS

Muito obrigada por sua disposição de levar essas palavras com você.

Não foi fácil escrever este livro, e tenho certeza de que não foi fácil lê-lo. Saúdo você por ter chegado até aqui.

Enquanto escrevia este livro, muitas vezes me senti à deriva. Todos os meus agradecimentos, sem uma ordem em especial, vão para as pessoas que me mantiveram na superfície até que eu alcançasse a costa.

Este livro foi escrito em Los Angeles, que é terra do povo Tongva. Quero agradecer aos povos originários por este lindo lugar que chamo de lar.

Sou excepcionalmente grata ao meu incansável e dedicado agente, Steve Malk, que considero não só um amigo íntimo como alguém da família. Muito obrigada por sempre acreditar em mim e no significado deste livro, mesmo quando eu estava extremamente cansada e cheia de dúvidas.

Muito obrigada ao meu editor, Tamar Braziz, que foi tão gentil e generoso ao me ajudar a trazer minha visão deste trabalho ao mundo. Gostaria de aplaudir minha equipe da Penguin Random House, que inclui Markus Dohle, Madeline McIntosh, Jen Loja, Ken Wright, Felicia Frazier, Shanta Newlin, Emily Romero, Carmela Iaria, Krista Ahlberg, Marinda Valenti, Sola Akinlana, Abigail Powers, Meriam Metoui, Jim Hoover, Opal Roengchai, Grace Han e Deborah Kaplan, entre outros.

Agradeço aos meus professores de inglês, que, ao longo da minha formação, me ajudaram a preservar e aprofundar meu amor pela literatura: Shelly Fredman (a primeira a me fazer perceber que eu queria ser escritora), Alexandra Padilla e Sara Hammerman (que me conduziram de forma magnânima por aquela fase difícil que é o ensino médio), Laura van den Berg (que me ensinou a escrever sobre meus fantasmas em vez de fugir deles), Christopher Spaide (que me ensinou poesia contemporânea com uma olhar gentil e entusiasmado) e Leah Whittington e Daniel Blank (que me ajudaram a me apaixonar por Shakespeare e pelos clássicos). Também sou grata a outros professores: Eric Cleveland, meu pai, por apoiar meu fascínio pela biologia e por mandar mensagens semanais para ter certeza de que eu estava viva e me alimentando bem enquanto estava totalmente envolvida na escrita deste livro. Bart Barnokowski, por me apresentar à sociologia cultural da qual dependo para fazer meu trabalho, e por seu rigor; Álvaro Lopez Fernandez, Marta Olivas, a equipe de *Temblor*, IES Madrid e minha família anfitriã espanhola (*hola*, Pilar y Marucha!), que cuidou com tanto amor do meu aprendizado da língua espanhola. Juro que eu ainda lembro... uma parte.

Agradeço ao meu Grupo Semanal de Apoio à Escritora, Taytor e Najya — onde eu estaria sem as nossas conversas por FaceTime nas manhãs de sábado? (A resposta é "sem ter terminado este livro"). Muito obrigada por serem minhas *cheerleaders* com canetas no lugar dos pompons. Agradeço a minha prima Maya por me enviar vídeos engraçados e por me fazer rir quando precisei.

Sou grata a Tara Kole e Danny Passman, meus advogados-pais, que são meus dois últimos neurônios remanescentes em qualquer dia. Muito obrigada por acreditarem em mim com tanto fervor desde o primeiro dia em que nos conhecemos. Gosto demais de vocês.

Muito obrigada a Caroline Sun, assessora de imprensa do livro, e Laura Hatanaka, minha assistente, vocês são duas mães corujas indomáveis que sempre colocaram meu tempo, minha sanidade e minha criatividade em primeiro lugar (ainda que eu use grande parte desse tempo para enviar gratuitamente GIFs de *Star Trek* para vocês — ha-ha-ha), assim como também sou grata a Courtney Longshore por seu apoio incansável nos bastidores.

Um grande abraço para Sylvie Rabineau, Michelle Bohan, Romola Ratnam, Pierre Elliott, Brandon Shaw (também conhecido como BS) e Carmine Spena, porque o apoio de vocês foi incrível. Aplausos dignos de uma rainha para minhas fabulosas e destemidas gladiadoras das relações públicas Vanessa Anderson e Erin Patterson, assim como toda a equipe do AM PR Group.

Também sou muito grata aos meus mentores de escrita do ensino médio: Michelle Chahine e Dinah Berland, da organização sem fins lucrativos WriteGirl, que passaram as tardes de quarta-feira escrevendo comigo em casas de chá barulhentas enquanto eu comia bolo de café seco, e India Radfar, que foi minha mentora na Beyond Baroque. Agradeço a Jamie Frost, meu antigo fonoaudiólogo, e meu mentor-duplo-espiritual, a sua bênção.

Uma ovação para o Urban Word, um programa que apoia jovens poetas selecionados em mais de sessenta cidades, regiões e estados nos EUA, que me deu a incrível honra de servir como jovem poeta laureada várias vezes na minha vida. Muito obrigada ao Vital Voices, que financiou meu projeto de comunidade literária One Pen One Page, e a Nicco Melle e Mass Poetry pelo apoio contínuo. Também agradeço a Jen Benka e à Academia Americana de Poetas.

Sou profundamente grata a meus companheiros poetas pelo seu apoio: Tracy K. Smith, que tem sido minha fada-madrinha poeta desde que dividimos o palco na Biblioteca do Congresso; Richard Blanco, que está sempre a uma ligação de distância e disponível para conversar comigo em espanhol para que eu possa praticar; Elizabeth Alexander, que me ligou imediatamente quando fui escolhida para ser a poeta da posse presidencial de 2020 e me deu alimento espiritual pelo telefone. Também sou grata pela mágica da poesia de Jacqueline Woodson, Eve Ewing, Clint Smith, Luis Rodriguez e Juan Felipe Herrera, cujas obras me inspiram infinitamente.

Agradeço a Lin-Manuel Miranda, que anos atrás aceitou que eu, emudecida, colocasse um poema em suas mãos. A Malala: sua amizade significa muito para mim. A Oprah: sua orientação, seu aconselhamento e sua luminosidade são um privilégio imenso.

Dr. Merije, eu sei que você teve que me visitar muuuuitas vezes porque fiquei doente e exausta trabalhando neste livro. Mas você sempre estava de bom humor, então, embora eu estivesse fungando, valia a pena.

Está quase acabando, pessoal! Minhas amigas Alex, Haley e Bib, obrigada por me aguentarem reclamando deste livro no nosso grupo.

Acima de tudo, devo muito à minha família: minha fabulosa, formidável e fantástica mãe, que fez de mim tudo o que sou hoje; minha gêmea talentosa e companheira de todas desde as fraldas, Gabrielle (GG); minhas avós, por sempre conferirem se estou me alimentando bem, dormindo e tomando minhas vitaminas e ao meu cãozinho fofo Lulu, que se senta do meu lado toda vez que estou com dificuldade para terminar um poema. Amo todos vocês com cada batida do meu coração.

Agradeço a Deus. Agradeço aos meus ancestrais.

Sou cria de escritores negros. Sou descendente daqueles que lutaram pela liberdade, quebraram as correntes e mudaram o mundo. Atendi ao chamado deles. Hei de levá-los sempre comigo.

Com amor,

Amanda

1ª edição	MAIO DE 2024
impressão	BARTIRA
papel de miolo	PÓLEN NATURAL 80G/M²
papel de capa	CARTÃO SUPREMO ALTA ALVURA 250G/M²
tipografia	GARAMOND PREMIER